다도명상
젊다

차례

머리말	6
점다란 무엇인가?	11
점다의 유래	15
점다의 효능	19
점다의 원리	21
점다의 도구	29
녹차 점다	39

    1) 홍배기를 화롯불에 달군다
    2) 홍배기에 차를 넣고 살살 흔들어준다
    3) 차 분쇄하기
    4) 물 끓이기
    5) 녹차 생명과 물 생명의 만남

커피 점다	95

    1) 점다 커피란 무엇인가?

2) 커피 생명과의 만남

    3) 전통 점다 커피 로스팅

    4) 원두 분쇄하기

    5) 물 끓이기

    6) 물 생명과 커피 생명의 만남

    7) 커피 마시기

    8) 점다 드립 커피

보이차 전다   129

    1) 전다란 무엇인가

    2) 보이차 생명

    3) 홍배하기

    4) 분쇄하기

    5) 전다하기

고정차 전다   139

점다와 함께 하는 한글 원리 명상   143

차례

포다 다기공 — 157

- 1) 차의 냉기와 다기공
- 2) 다기공의 수련 - 진동관법
- 3) 다기공의 운용과 빈객의 제접
- 4) 차 우리기
- 5) 차 마시기

삼관의 법 — 185

- 1) 옴 수련 첫째 과정
- 2) 옴 수련 둘째 과정
- 3) 옴 수련 셋째 과정
- 4) 기운의 음화로 생기는 장애
- 5) 미세의식이 발현되면서 오는 장애

머 리 말

2008년 여름 방배동 수련장,

다도 수업이 끝나고 뒷정리를 마친 다음,
텅 빈 공간의 여운을 음미하자니 문득 차 한 잔이 그리워졌다.
아마도 수업시간 내내 수련생들이 끓여주는 설익은 차를 맛보면서 제대로 된 차를 마셔보겠다는 열망이 생겼는지도 모르겠다.

화로를 피우고 약탕기에 물을 올린 다음 어떤 차를 마셔볼까 궁리하다가 한 켠에 모아둔 부스러기 차가 눈에 띄었다.
지난봄에 차를 덖으면서 모아둔 파쇄된 찻잎이었다.
꽤 맛있게 덖어진 찻잎인데 한두 사람 나눠 먹다 보니 남은 것은 그것이 전부였다.
봉지를 따서 향기를 맡아보니 향긋한 꽃향기가 올라오는 것이 제법 구미가 동했다.
하지만 우려먹기가 불편했다.
다관의 성긴 구멍으로 부서진 찻잎이 빠져나올 것 같았기 때문이다.

궁리 끝에 실험정신이 동했다.
이왕 거름망으로 걸러 먹을 거라면 약탕기에 직접 찻잎을 넣고 끓여 보자는 생각을 하게 된 것이다.
좀 더 맛있는 차를 끓여 보겠다는 욕심으로 물을 극점까지 끓인 뒤에 화로의 불을 끄고 물의 온도가 내려가기를 기다리고 있었다.
그리고 적당히 온도가 떨어졌다고 생각되는 시점에서 약탕기에 차를 넣었다.
그런 다음 탕관 안을 들여다보니 물의 솟구침과 더불어서 유전하는 찻잎들이 보였다.
그 모습이 참으로 장관이었다.

마치 하늘에 떠 있는 별들이 한꺼번에 공전하는 것만 같았다.
그 모습에 취해 한참을 보고 있다 보니, 어느덧 달콤하면서도 구수한 진향이 피어오르고 있었다.
화들짝 정신을 차리고 탕관을 화로에서 내린 다음 물과 차가 융화되기를 기다렸다.
이미 가슴은 설렘으로 가득 채워져 있었다.
분분히 떠올랐던 찻잎들이 완전하게 가라앉고 탕관 안에 찻물이 맑은 빛을 띠었을 때 조심스럽게 포자로 차를 떠냈다.

아끼던 다완에 차를 따른 다음 천천히 숨을 들이쉬며 비공 가득히 향기를 채웠다.
싱그러운 난향이 머릿골 깊숙한 곳까지 파고들었다.
그 느낌을 등줄기를 따라 꼬리뼈 끝까지 끌어내렸다.
후끈하게 등줄기가 달아올랐다.
몇 번을 더 향기를 음미한 뒤에 조심스럽게 입술을 축이고 한 모금 차를 머금었다.
순간 온몸에서 전율이 일어났다.
이것이 정녕 녹차란 말인가?

꿀꺽 삼키지도 못하고 한참을 그렇게 입속에서 음미만 하고 있었다.
달콤한 진미가 혀끝에 퍼져 나가자 간과 비장이 꿈틀거리고 심장의 박동이 빨라지기 시작했다.
그 느낌을 지켜보면서 꿀꺽 차를 넘겼다.
차가 식도를 타고 넘어가면서 격렬하게 박동하던 심장이 진정 되기 시작했다.
그리고 하단전에 은은한 열기가 느껴졌다.

한 잔 두 잔... 그렇게 한 탕관의 차를 모두 마셔도 끝없이 일어나는 갈증이 가셔지지가 않았다.
어느덧 차기에 취한 가슴은 잔잔한 설렘으로 가득 채워져 있었고 온몸은 땀으로 흥건하게 젖어 있었다.

그때부터 다법에 관한 연구가 시작되었다.

그 무렵 '차의 세계' 최석환 대표를 만나게 되었다.

차의 세계에 포다 다기공법을 기고하면서 반연구 선생의 무위선다도를 다룬 기사를 보고 그러한 다법이 이미 예로부터 시작되었음을 알게 되었다.

다법의 근거를 찾기 위해 그동안 출간되었던 차의 세계를 모두 사서 읽기 시작했다.

9년 동안 출간된 무려 100권이 넘는 책을 읽어 보면서 그것이 '점다법'이라는 것을 알게 되었다.

점다의 기법에 대한 기록은 송대 이전의 다서에 기록되어 있었고 명대부터는 포다법에 관한 내용이 주를 이루고 있었다.

우리나라에서는 고려조까지 점다에 대한 기록이 남아 있었다.

그렇게 옛 다서에 기록된 점다의 방법을 모으고 기공류와 삼관법, 발성수행법을 더해서 지금의 점다법을 만들었다.

차의 비조로 알려진 신농은 차를 병을 고치는 약으로 활용했고 당대의 무상선사는 차를 깨달음의 도구로 활용했다.

육우는 차를 법제하고 끓이는 방법을 정리해서 다경을 저술했고 조주는 한 잔의 차로써 천하의 운수납자들을 제접했다.

차를 즐겼던 고인마다 각자의 사상을 내세워서 차의 정신을 논했으니

참으로 차는 인류의 인문학과 더불어 발전해온 소중한 문화유산이다.

그러한 문화유산을 계승하고 발전시키고자 하는 취지에 부합하여 새로운

점다법을 제안한다.

차가 단순히 마시고 즐기는 기호식품으로 머물지 않고 그 말에 스며있는 뜻처럼 '자기를 초월하고 확장시킬 수 있는 도구'로 활용되었으면 하는 마음에서 짧은 식견이나마 피력해보는 것이다.

점다란 무엇인가?

점다란 무엇인가?

점다의 '점'이란 마음으로 뭇 생명과 차 생명이 만나는 때를 결정한다는 뜻이다.
'다'란 연결해서 확장한다는 뜻이다.

이때의 연결이란 점다의 구성원이 되는 서로 다른 생명 간의 연결을 말하며 확장이란 자기의식을 깊고 넓게 만들어가면서 본성을 깨닫고 그 상태를 유지한다는 말이다.

점다의 '다'를 '차' 자로 바꾸어서 점차라고 부를 때는 '차' 자의 뜻이 초월적 확장을 이룬다는 의미이다.
'초월한다'는 말에는 두 가지 의미가 있다.
하나는 의식의 폭을 깊고 넓게 만든다는 의미이고 또 하나는 교류의 폭을 넓힌다는 의미이다.
이와 같으므로 점다로 부르든 점차로 부르든 그 뜻은 같은 의미이다.

점다를 하는 이가 이와 같은 면모를 갖추려면 다른 생명과 연결할 수 있는 역량이 갖추어져야 하고 본성과 의식을 관찰할 수 있는 능력, 즉 각성이 갖추어져야 한다.

생명과 생명이 서로 연결되는 통로가 바로 의식이다.

그 중 인간의 의식은 여섯 가지 구조와 다섯 단계의 층으로 이루어져 있다. 의식의 활용을 깊게 한다는 것은 다섯 단계의 층으로 이루어진 의식을 점차 개발해간다는 의미이며 의식을 넓게 만든다는 것은 여섯 가지 기능의 의식을 일곱 가지로 넓혀간다는 것을 말한다.

그러기 위해서 쓰이는 것이 삼관의 법과 한글 발성법 그리고 기공류이다.

삼관의 법을 통해서는 의식과 본성을 더불어서 관찰할 수 있는 역량을 갖추게 되고 또 여섯 가지 의식을 일곱 가지로 넓혀갈 수 있는 역량을 갖추게 된다.

삼관의 법은 대승불교에서 전해져 내려오는 전통적인 수행법이다.

한글 발성법은 한글의 자음원리와 모음원리, 문자원리에 입각해서 발성을 통해 수행하는 법이다.

기공류란 기운의 감응을 통해 천지 만물과 교류할 수 있는 역량을 갖추는 법이다.

점다의 유래

점다의 유래

점다의 방법이 최초로 문헌에 기록된 것은 당나라 때 육우가 저술한 '다경'이다.

중국에서는 송나라 때 점다법이 일반 백성에게까지 폭넓게 보급되었고 우리나라에서는 고려시대 선원청규라는 책에 '오전에는 점다를 하고 오후에는 전다를 한다'는 내용이 수록되어 있다.

다른 문헌에는 고려의 귀족들이 점다를 즐겼다는 내용이 전해진다.
당송시대와 고려조에서 유행했던 점다법은 중국에서는 명나라 때 그 명맥이 끊어지고 우리나라에서는 조선조에 들어서서 그 명맥이 끊어진다.

일본에는 송나라 때 점다법이 전해져서 아직도 그 명맥이 이어지는데 일본식 점다법은 정통식 점다법이 아니고 '점다후투법'이라고 하는 개량식 점다법이다.
점다후투법 또한 송나라 때 투차대회에서 만들어진 법이다.

명나라를 세운 주원장은 백성이 차 만드는 수고를 덜어주기 위해 점다법을 금지했고 조선을 세운 이성계는 고려문화 말살정책의 하나로 점다법을 금지시켰다.

송나라 말기까지 생산되었던 점다용 차는 연고차였다.

이는 긴압방식으로 만들어진 성형차이다. 당시의 농민들은 연고차를 만들기 위해서 상당히 많은 노동력을 착취당했다. 특히 황실에 납품하던 '용단승설'이라는 차가 있었는데 이는 차의 잎 속 줄기만을 모아서 만든 긴압차였다. 이를 불쌍히 여긴 주원장은 황실에 납품하는 차를 잎차로 대신할 것을 명했고 그 후로는 잎차를 우려먹는 포다법이 유행하게 되었다.

고려조에 유행했던 점다차는 송나라에서 들여온 연고차도 있었지만, 우리나라에서 자체 생산된 연고차도 있었다. 녹차로 만든 돈차라는 것인데 이는 녹차를 찧어서 엽전만한 크기로 뭉친 다음 처마 밑에 걸어 자연 발효법으로 만든 차이다.

문헌에 의거하면 '두 번이나 세 번 덖음한 녹차를 찧어서 차 틀에 넣고 엽전 모양의 형태를 만든 후 가는 싸리나무로 그 중앙을 꿰어서 처마밑에 매달아놓고 말린다' 라는 내용이 나온다. 먹을때는 한 알씩 빼내어서 숯불에 노릇 노릇하게 구운 다음 점다법으로 먹는다 했다.

이렇듯 조선 초기에 그 명맥이 끊어졌던 점다법을 현대에 이르러 다시 재현하게 된 것이다.

〈 보이차 병차 〉

〈 돈차 〉

점다의 효능

점다의 효능

점다법으로 차를 끓이게 되면 차의 냉기를 제거할 수 있고 몸의 독소를 해독할 수 있으며 골세포를 증식시키고 질병에 대한 면역력을 향상시킬 수 있다.

또 각종 미네랄을 효율적으로 추출해서 부족한 영양을 채워준다.
점다의 모든 과정은 그 자체가 수행이며, 또 다른 생명과 일치를 이룰 수 있는 능력을 배양하는 공부이다. 그래서 몸을 이롭게 하는 것뿐만 아니라 의식을 확장하고 본성을 회복할 수 있는 진보된 명상법이다.

〈 송나라 때 점다하는 모습으로 형식으로 보아 '점다 후투법'인 듯하다. - 소슬다원 제공 〉

점다의 원리

점다의 원리

점다를 하려면 그 재료들을 생명의 관점으로 바라보아야 한다.
점다의 재료는 다음과 같다.

차 생명, 물 생명, 불 생명, 그릇 생명, 사람 생명.

점다가 제대로 이루어지려면 이 다섯 가지 생명 간의 완벽한 조화가 이루어지도록 해야 한다. 생명 간의 조화가 이루어지려면 먼저 그 생명이 갖고 있는 본성의 상태를 알아야 하고 존재목적과 의식이 어떠한가를 알아야 한다.
그런 다음 본성을 통해 공감을 이루고 존재목적과 의식이 서로 부딪힘의 대상이 되지 않도록 해야 한다.

1. 물 생명

물 생명은 무정이다.
모든 생명의 본성은 적정하다.
하지만 각각의 존재목적에 따라 의식과 본성의 관계가 서로 달라진다.
물 생명의 존재목적은 그 형태적 틀을 유지하는 데 있다. 그래서 물의 본성 또한 존재 목적과 그 성향을 함께 한다.

물 생명의 의식은 크게 두 가지 성향으로 나타난다. 하나는 자신을 이루는 입자보다 큰 입자를 만나면 그것을 쪼개는 성향이고 또 하나는 스스로 가지고 있는 에너지보다 높은 에너지를 만나면 그 에너지를 무한정 받아들이는 성향이다.

이 두 가지 의식성향이 지나치게 쓰이면 물의 본성이 훼손된다. 그 결과로 형태적 틀을 유지해야 하는 존재목적을 지켜갈 수 없게 된다. 따라서 물 생명의 의식과 본성이 서로 부딪히지 않게 하려면 물 생명과 교류하고 있는 생명이 무엇이냐에 따라서 교류의 정도와 방식을 달리 해주어야 한다. 점다도에 있어서 물 생명과 교류되는 생명은 불, 그릇, 차, 사람 생명이다.

2. 불 생명

불 생명은 무정이다.
때문에 불 생명의 존재목적 또한 그 형태적 틀을 유지하는 데 있다.
불 생명이 형태적 틀을 이루기 위해서는 자연계를 이루는 뭇 원소들과 서로 반응해야 한다.
그 과정에서 드러나는 것이 불 생명의 의식이다.
불 생명의 의식은 크게 세 가지 형태로 드러난다.

하나는 산화적 형태이다.
둘은 환원적 형태이다.
셋은 중화적 형태이다.

점다도에 있어서 취해야 하는 가장 적합한 불 생명의 의식은 중화적 형태이다.

〈 돌화로 〉

3. 차 생명

차 생명은 유정이다.
유정의 본성은 적정하다.
하지만 각각의 존재목적에 따라 서로 다른 형태의 의식으로 표출된다.
점다도의 재료가 되는 차 생명은 수천수만 가지일 수 있지만 크게 다섯 종류로 나누어진다.

첫째는 잎차 생명이다.
둘째는 열매 생명이다.
셋째는 뿌리 생명이다.
넷째는 줄기 생명이다.
다섯째는 꽃 생명이다.

각각의 차 생명마다 존재목적과 의식의 성향이 서로 다르다.
그래서 그런 차 생명을 점다의 재료로 쓰기 위해서는 각각의 경우마다 교류하는 방식을 서로 달리해야 한다.

〈 차의 종류 〉

4. 그릇 생명

그릇 생명은 무정이다.

그릇 생명은 창조된 목적에 따라 그 존재목적이 설정된다. 점다를 하기 위한 그릇 생명은 일반적인 그릇 생명과 그 구조가 다르다.

점다를 하기 위한 그릇은 항상 불과 함께 해야 한다. 그래서 그 구조와 재질에서 일반적인 그릇과 차별되는 것이다. 그릇 생명의 의식은 그 구조와 재질, 그리고 사용하는 사람의 의도에 따라 만들어진다.

점다용으로 쓰이는 그릇 생명은 그 재질이 돌이나 옹기일 때가 가장 좋다. 금이나 은, 철이나 동 등의 금속 재질로 이루어진 그릇은 점다의 용기로서는 부적합하다.

〈 탕관 〉

5. 사람 생명

사람 생명은 유정이다.
사람 생명의 존재목적은 스스로 설정하는 것이다.
그래서 사람에 따라 각각의 존재목적이 다를 수도 있고 같을 수도 있다.

점다를 하기 위해 사람이 갖추어야 할 일시적인 존재목적은 점다의 재료가 되는 모든 생명들을 조화로운 관점으로 바라보는 것이고 그로써 각각의 생명 간에 최상의 조화를 창출해내는 데 있다.

특히 함께 하는 빈객이 있다면 그 빈객과의 조화를 도모하는 데 최선을 다 할 줄 알아야 한다.

점다의 구성원이 되는 각각의 생명 간에 조화를 창출할 수 있는 면모를 갖춘 자를 일러 '팽주'라 한다. 이는 물과 불을 다룰 줄 아는 사람이란 뜻이다.

점다의 도구

점다의 도구

점다를 하기 위해서는 먼저 도구가 갖춰져야 한다.

1. 차연

점다를 하기 위해서는 차를 곱게 분쇄해야 한다. 그러는 데 필요한 것이 차연이다.

차를 가는 것은 차의 냉기를 효율적으로 제거하고 차의 영양분을 최대한 표출시키기 위해서다.

차연 대신 차 맷돌을 쓰기도 한다.

〈차 맷돌〉

〈차 연〉

2. 화로

화로는 불을 피우는 도구이다. 옛 선인들께서는 숯불 화로를 사용했으나 요즘에는 전기 화로를 사용한다.

같은 전기를 활용하는 화로이지만 점다용 화로는 그 필요조건을 충족시켜줄 수 있는 구조로 되어 있어야 한다. 즉 중화를 얻을 수 있는 조건과 불판이 적정시간 이상 동안 잔열을 유지할 수 있는 조건을 갖추어야 한다는 말이다.

〈 무쇠 화로 〉

〈 황동 화로 〉

3. 탕관

탕관은 물을 끓일 수 있는 그릇을 말한다. 점다용으로 쓰이는 탕관은 그 구조와 재질에 특별한 조건이 필요하다. 앞서 그릇 생명편에서 언급했듯이 점다용 탕관은 그 재질이 돌이나 옹기가 적합하다.

점다용 탕관은 어떤 재질로 이루어져 있든 간에 그림과 같은 구조로 되어 있어야 한다.

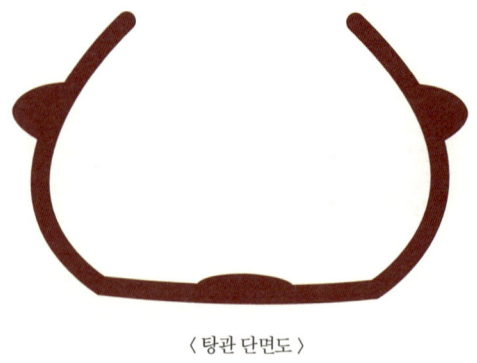

〈 탕관 단면도 〉

점다의 용기는 그 밑판의 표면적이 화로 불판의 표면적과 일치되는 것이 좋다. 왜냐하면, 중화를 얻기 위해서는 탕관이 불판의 열을 효율적으로 받아들여야 하기 때문이다.

탕관은 불을 받아들여서 물을 끓이는 도구이다. 점다를 하기 위한 물은 그 끓음의 단계가 13단계로 이루어져야 한다. 그래서 탕관은 물 끓음이 그와 같은 단계로 이루어질 수 있도록 불을 효율적으로 받아들이면서 적절하게 제어할 수 있는 기능이 있어야 한다.

탕관의 구조가 그림에서처럼 중앙이 튀어나오도록 한 것은 불의 중화를 얻기 위함이며 물 끓음이 13단계로 이루어지기 위해서는 탕관의 밑판이 적정이상의 두께를 갖추어야 한다. 즉 열을 서서히 머금으면서도 적정온도 이상을 올려 줄 수 있어야 하며 오랫동안 열을 간직할 수 있는 구조라야 한다는 말이다.

양은 주전자나 은 주전자처럼 밑판이 얇은 탕관으로는 절대로 점다를 할 수가 없다.

4. 잔

잔은 차를 따라 마시는 도구이다. 여러 가지 형태의 잔이 있지만 점다용으로 쓰이는 잔은 그 기능성이 갖추어져 있어야 한다.
점다용 잔은 두 가지 기능을 갖추어야 한다.

첫째는 차의 기운을 효율적으로 저장해 줄 수 있는 기능이 있어야 한다.
둘째는 차의 향기를 오랫동안 지속시켜줄 수 있는 기능이 있어야 한다.

〈 적합한 잔 〉

〈 부적합한 잔 〉

잔이 차의 기운을 효율적으로 저장하려면 아래와 같은 비례를 갖추어야 하며, 잔이 차의 향기를 오랫동안 지속시켜주려면 굽의 형태가 아래와 같은 구조로 이루어져야 한다.

이도다완이 점다를 하기에 가장 적합한 비례와 구조로 되어 있다.

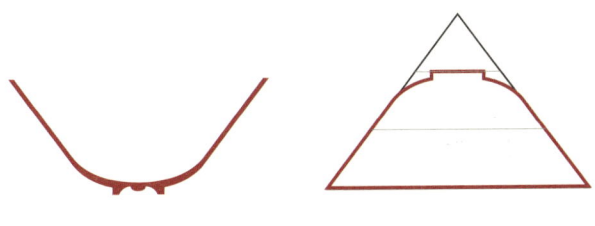

〈 잔의 구조 사진과 잔의 비율 〉

5. 다하

분쇄한 차를 받아내는 데 쓰는 도구이다.

6. 차 솔

분쇄한 차를 쓸어내리는 도구이다.

7. 차시

분쇄한 차의 양을 적정하게 측정하기 위한 도구이다

8. 청소 붓

차를 분쇄할 때 바닥에 떨어진 차 찌꺼기를 청소하는 도구이다.

9. 홍배기

차를 분쇄하기 전에 차의 습기를 제거하고 차의 진향을 표출시키기 위한 도구이다.

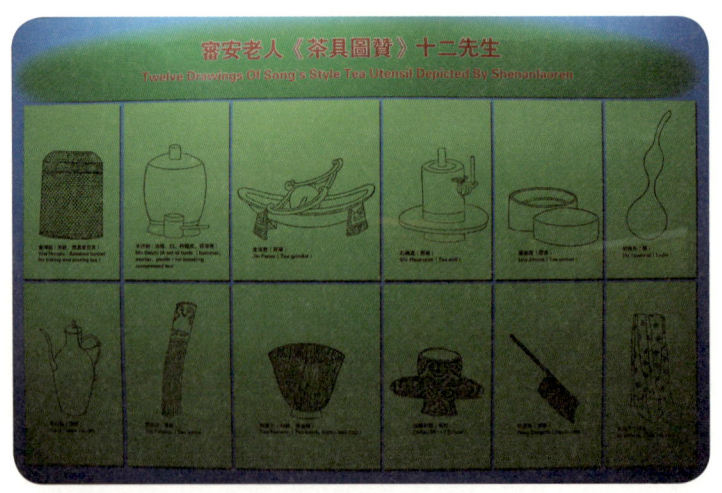

〈송나라 시대의 점다 도구 - 소슬다원 제공〉

녹차 점다

녹차 점다

구증구포한 녹차를 필요한 만큼 덜어서 다 하에 담는다.
물 2리터 기준으로 녹차 3그램 정도가 적당하다.
그런 다음 화로에 불을 피운다.

1) 홍배기를 화롯불에 달군다.

이때 조심해야 할 것이 있다. 홍배기를 너무 뜨겁게 달구지 않는 것이 그 것이다. 만약 홍배기가 너무 뜨겁게 달구어졌으면 물방울을 몇 방울 떨어 트려서 홍배기의 열을 내린다. 아니면 젖은 다건으로 홍배기를 씻어주면 서 열을 내린다.

홍배를 할 때는 홍배기의 온도를 조절하는 것이 가장 중요하다.
홍배기의 온도가 너무 높으면 차가 타버리고 너무 낮으면 홍배가 안되기 때문이다.
홍배를 하기에 적당한 온도는 약 160도씨이다. 이는 손가락으로 홍배기 바닥을 살짝 문질렀을 때 약간 뜨겁다 할 정도의 온도이다.

물방울을 홍배기에 떨어트렸을 때 물방울이 흩날리면서 튀어 오르는 정도는 홍배기의 온도가 너무 높은 것이다. 그런 상태에서는 홍배를 해서는 안 된다.

홍배기의 온도를 느끼는 것 또한 수없는 연습을 통해서 이루어진다.
나중에 기공을 익혀서 감각적으로 기운을 느낄 수 있는 정도가 되면 손가락으로 홍배기를 문질러보지 않아도 홍배기의 온도를 가늠할 수 있다.

홍배를 하는 목적은 차의 묵은 습기를 날려 보내면서 일차적으로 차의 냉기를 제거하는 데 있으며 차의 향기를 표출시켜서 자율신경의 균형을 잡아주는 데 있다. 이때 자율신경의 균형이란 교감신경과 미주신경 간의 균형을 말하는데 차의 향기로서 교감신경을 항진시켜주고 차를 마심으로써 미주신경을 항진시킨다.

만약 차의 향기를 표출시키지 못하거나 차를 마실 때 향기를 음미하지 못하면 교감신경을 자극하지 못해서 자율신경의 균형을 잡아주는 효과가 나타나지 못할 수도 있다.

2) 홍배기에 차를 넣고 살살 흔들어준다.

이는 차를 골고루 홍배하기 위해서 하는 과정이다.
때때로 손가락으로 차를 뒤집어주면서 흔들어주면 더욱 홍배가 잘 된다.
그렇게 하다 보면 향긋한 차향이 코끝으로 스며든다.
이때가 바로 홍배를 멈출 때이다. 홍배를 하면서는 항상 홍배기에서 올라오는 냄새에 집중해야 한다. 그래야만 홍배가 되는 정도와 홍배를 그칠 때를 가늠할 수 있다.
처음 홍배기에 차를 넣었을 때는 거칠고 탁한 향기가 올라온다. 그때는 고개를 잠시 돌리고 그 향을 피해준다.
홍배가 제대로 된 찻잎에서는 아카시아나 라일락 꽃 같은 향기가 올라온다. 그때가 참으로 행복한 순간이다.

3) 차 분쇄하기

3-1) 잘 홍배된 차를 차연에 넣는다.

그리고 둥굴레를 사용하여 차를 살살 눌러준다.

습기가 잘 제거된 차는 바삭바삭한 상태이다. 그래서 이렇게 해주면 잘 부스러진다.

3-2) 둥굴레를 진행방향과 90도로 세운 다음 몇 차례 굴리면서 차를 일차로 분쇄한다.

그런 다음 진행방향과 약 30도에서 45도 정도 기울여서 강한 힘으로 밀어준다.

3-3) 차의 속 줄기가 곱게 분쇄될 정도로 차가 분쇄되면 점다용 차가 완성된 것이다.

3-4) 잘 분쇄된 차를 차 솔로 쓸어내려서 다하에 담는다.

4) 물 끓이기

4-1) 준비한 탕관에 물을 붓는다.

물 높이는 탕관 높이의 3분의 2 이상, 5분의 4 이하로 한다. 반드시 탕관에 물을 먼저 넣고 그다음에 화로에 올린다.
이는 화로의 열로 탕관이 깨지는 것을 방지하기 위해서다. 앞서 잠깐 언급했듯이 탕관을 준비할 때는 화로의 불판 면적과 탕관의 밑판이 같은 면적이라야 한다. 이는 중화를 얻기 위해서 반드시 필요한 과정이다.

탕관에 물을 넣을 때 너무 적은 양을 넣어도 안된다. 반드시 3분의 2 이상을 넣어야 한다.
그렇지 않으면 물이 불을 받아들이는 과정이 원만하게 진행되지 않는다. 물 끓음에서 물이 불을 받아들이는 과정이 대단히 중요하다. 물이 끓는다는 말은 물과 불이 용기를 사이에 두고 서로 부딪힌다는 말이다.

물이 불을 만나면 불의 에너지를 무한정 받아들이게 된다. 이것이 바로 물의 의식이 불의 에너지를 탐하는 것이다. 이 과정이 지나치게 이루어지면 물의 형태적 틀이 변화를 일으킨다. 즉 액체에서 기체로 바뀌게 되는 것이다.

물의 본성은 그것을 거부한다. 그래서 불의 열기에 저항하기 시작한다. 이때 물의 본성이 불에 저항하는 수단이 물 안에 내포된 이물질을 뱉어내는 것이다.

그 형태가 기포로 드러난다.

이것을 놓고 '물이 끓는다'고 말한다. 물이 불의 에너지를 안정된 상태로 받아들이게 되면 물이 내포하고 있는 에너지양이 극도로 높아진다. 그런 물은 차의 입자를 골고루 녹여내고 차의 냉기를 완전하게 제압한다.

물과 불의 관계를 놓고 물이 불을 받아들이는 과정이 13단계로 이루어져야 한다.

그럴 때 불의 가장 강한 에너지가 물에 스며든다.

4-2) 불을 얻고 그릇을 얻는다.

물 끓음이 이와 같은 과정으로 이루어지려면 먼저 적합한 불을 얻어야 하고 그다음엔 그 불을 감당해줄 수 있는 탕관을 얻어야 한다. 이것이 쉽지 않은 일이다.

점다를 하기 위한 불은 가급적 직화를 피한다. 왜냐하면, 직화는 너무 강해서 물 끓임을 서서히 진행하기가 어렵기 때문이다. 불을 약하게 조절하면 어떨까 싶지만 그렇게 되면 극점까지 물을 끓이기가 어렵다. 그래서 숯불이나 전열판을 점다용 불로 활용한다.

그림에서 보듯이 전열판을 쓸 때는 전열판 자체가 충분한 열을 머금을 수 있는 구조로 되어 있어야 한다.

만약 전열판이 그러한 기능을 갖추지 못했으면 탕관의 밑판이 두터워서 그 역할을 대신해야 한다. 그럴 수 있는 탕관이 돌 탕관이다. 전열판의 상태가 적합하다면 도자기 탕관도 괜찮다.

4-3) 물 끓임의 13단계

물을 끓이는 목적은 불의 에너지를 최대한 받아들여서 차의 냉기를 제거하고 차의 양분을 효율적으로 표출시키는 데 있다. 그래서 빨리 끓이거나 늦게 끓이는 것에 그 목적이 있는 것이 아니다.

물이 불의 에너지를 극점으로 받아들이려면 물과 불이 지나치게 부딪혀서도 안 되고 어느 한 쪽이 일방적으로 우세해도 안된다. 대부분 물이 빨리 끓는 것은 불이 우세한 경우이며 늦게 끓는 것은 물이 우세한 경우이다.

불이 너무 강해서 물과 불이 지나치게 부딪히면 물은 자신의 형태적 틀을 잃어버릴지언정 불의 에너지를 머금지 않는다. 만약 그런 물로 차를 끓이게 되면 차 맛이 제대로 우러나오지 않고 물맛과 차 맛이 섞이지 못한다. 그런 차는 맛이 밍밍하면서 싱겁다.

이와 같은 이유 때문에 불과 물을 다룰 때는 그 관계를 조화롭게 이끌어가야 한다.

차를 끓일때 한 과정 한 과정이 모두 다 중요하지만, 특히 물 끓이기를 하는 이 과정이 가장 중요하다. 오죽했으면 차를 끓이는 사람을 팽주라고 불렀겠는가.

물과 불이 조화롭게 어울리는 상태를 관찰하기 위해서는 물이 불을 받아들이는 형태를 살펴보아야 한다. 그 과정을 관수라 한다.

점다의 모든 과정은 그 자체가 명상이며 깨달음의 실천이다.
관수 또한 마찬가지이다.

그냥 눈으로 물 끓이는 과정을 살펴보는 것은 물의 껍질을 관찰하는 것이지 본질을 관찰하는 것이 아니다. 관수를 하는 팽주는 눈과 감각 그리고 중심을 더불어서 활용해야 한다.

눈으로는 물방울의 형태를 살피고 감각으로는 물의 기운과 물의 냄새를 살피며 중심으로는 물과 불을 일치의 대상으로 삼아서 물이 불을 받아들이는 느낌을 관한다.

팽주가 이러한 능력을 갖추기 위해서는 우선 그 방법을 알아야 하고 그다음에는 부단한 노력을 통해 한 과정 한 과정을 체득해가야 한다. 이때 쓰이는 방법이 삼관법과 한글원리, 그리고 기공류 등이다. 그 구체적인 방법은 뒷장에서 다루어진다.
우선 물 끓이는 단계에 대해 알아보자.

① 물을 탕관에 따르고 화로 위에 올려놓는다.
그런 다음 화로에 불을 켜고 정좌해서 앉는다.
물의 잔잔한 수면을 눈으로 바라보면서 중심으로 그 잔잔한 형태를 느껴본다.

이것이 물 끓음의 첫 단계이며 관수의 시작이다.

중심은 명치 위 1센티, 속으로 5센티 들어간 자리이다.
그 자리에서 편안함이 느껴지면 중심이 세워진 것이다.

점다의 모든 과정은 반드시 중심을 통해 지켜봐야 한다.
점다를 하는 팽주는 중심을 주체로 해서 밖으로는 의식의 작용을 살피고 안으로는 본성의 공적함을 비춰봐야 한다.
대승불교에서는 중심을 세워서 그 편안함을 음미하는 것을 선나(중관)라 하고 중심을 주체로 해서 의식의 흐름을 관찰하는 것을 삼마발제(가관)라 하며 중심을 통해 본성을 비추는 것을 삼마지(공관)이라 한다.

점다도에 있어서 관수의 과정은 점다의 목적을 실현하는 시작이며 점다의 모든 과정에서 지켜가야 할 가장 중요한 철칙이다.
관수가 행해지면서 팽주의 중심은 탕관의 수면처럼 지극히 안정된다.
안에서 세워지는 고요함과 밖의 사물이 갖는 형태가 동치를 이루면서 생겨나는 현상이다. 그때의 고요함과 편안함을 지극하게 음미하며 즐길 줄 알아야 한다. 만약 그때의 고요함을 즐길 수 있는 사람이라면 그 사람은 능히 팽주로서의 자격이 갖춰진 것이다.

② **수면의 변화를 살피면서 중심과 그 변화를 동치시킨다.**
잔잔한 수면을 관하다 보면 한 방울 한 방울 기포가 생기면서 물 위로 떠오른다.
이제 물이 불의 에너지를 받아들이면서 끓음이 시작되는 것이다.

이 형상을 '새우눈의 상태'라 말한다. 그때 올라오는 물방울의 형태가 새우눈을 닮았다 해서 붙여진 이름이다.

처음 새우눈이 일어날 때는 시차를 두고 띄엄띄엄 이루어진다. 그래서 팽주가 그 형태를 중심으로 동치시키는 것은 어렵지 않게 이루어진다.

잔잔하던 수면에 작은 기포가 한 방울씩 일어서면 중심이 그 상태와 동치되면서 묘한 기쁨이 일어난다. 재미가 느껴지는 것이다. 더군다나 물방울이 떠오르는 형상이 살아있는 생명처럼 느껴지면서부터는 신기하다는 생각까지 덧붙여지면서 중심에서부터 생기가 일어난다.

점점 물방울의 숫자가 많아지면서 중심은 온통 기쁨으로 채워진다.
도도독 도도독 마치 수많은 기포가 내 가슴속에서 터져나가는 것처럼 중심은 온통 물방울이 일으키는 환희 속에 파묻힌다. 눈으로만 물방울을 바라보면 물 끓음이 일으키는 그 기쁨을 맛볼 수가 없다. 중심으로 바라보았기에 그러한 즐거움이 생겨나는 것이다.

그것이 다른 생명과 내가 서로 일치를 이루었을 때 얻어지는 기쁨이다. 하지만 이때에도 지켜가야 할 것이 있다. 바로 그러한 형상과 그 기쁨에도 관여되지 않는 한 자리를 지켜보는 것이다. 그 자리는 그 모든 변화가 일어나는 중심의 바탕에서 세워진다. 그것을 이면이라 부른다. 위치로 보면 중심에서 등 쪽으로 반 뼘 정도 더 들어간 자리이다. 이면을 주시할 수 있는 각성이 키워지면 그 각성으로 본성을 볼 수 있는 역량이 갖춰진다. 본성을 볼 수 있는 각성을 일러 무위각이라 부른다.

현상이 일으키는 기쁨에 빠지지 않고 그 이면의 관여되지 않는 자리를 지켜봄의 대상으로 삼는 것을 일러 '공관을 행한다'고 말한다.
점다를 하는 팽주가 점다의 한 과정 한 과정에서 중심과 현상, 그리고 그 이면을 지켜보는 것이 바로 삼관을 행하는 것이다. 즉, 중심의 고요함과 현상과의 일치, 그리고 그 일치된 바에 대해서도 관여되지 않는 한 자리를 지켜보는 것이 삼관을 행하는 것이라는 말이다.
새우눈이 일어나는 그 과정이 물 끓음의 13단계 중에서 두 번째 단계에 해당한다.

〈 새우눈 〉

③ **게눈이 일어선다.**

물 끓음의 13단계 과정에서 새우눈의 과정이 가장 길게 이어진다.

만약 불을 너무 세게 해서 새우눈의 과정이 지나치게 짧아지면 그것은 물과 불이 융화를 이루지 못한 것이다. 그런 물로는 점다를 할 수가 없다.

그렇다고 새우눈의 과정이 너무 길게 이루어지는 것도 좋지 않다.
그런 경우는 불의 힘이 약해서 물을 효율적으로 제압하지 못하는 것이다.
새우눈의 과정이 적당한 시간 안에 이루어지는 것을 알려면 물 끓이는 과정을 수백 번 반복해봐야 한다.

새우눈의 상태를 지켜보고 있다 보면 어느 때부터 기포의 크기가 점점 작아지면서 아예 기포가 사라져버리는 현상이 생긴다.
그러면서 지.... 하는 소리가 탕관 안에서 흘러나온다. 그때의 중심을 느껴 보면 뭔가 터져 나올듯한 충동이 일어난다. 그때가 바로 물이 불에 저항을 시작한 때이다. 물이 불의 열기에 저항하는 것이다.

끓는다는 표현은 여기에서 생겨난 말이다. 그 시간이 잠시 지속된다. 그러다가 다시 미세한 새우눈이 다발적으로 떠오른다. 이때부터 중심은 격동에 휩싸인다.
그동안에 느꼈던 기쁨은 어디론지 사라지고 조급하고 산만하며 강렬한 저항심이 생겨난다.

그것이 물이 불에 저항하면서 생겨나는 현상이다. 이런 상태에서도 이면을 바라보는 각성을 잃어버리지 말아야 한다.

지극히 이면에 의지를 두고 중심에서 일어나는 변화를 관조해야 한다. 기공을 익힌 사람이라면 이때 물의 기운을 느껴볼 수가 있다.

이때부터 물은 냉기를 뱉어낸다. 마치 불의 열기를 자신의 냉기로 식히려는 듯이 맹렬하게 냉기를 뿜어낸다. 점다를 하기에 가장 좋은 물은 냉기가 다스려진 물이다.

즉, 물이 불에 저항하면서 스스로 갖고 있는 냉기를 전부 다 배출해낸 상태가 점다를 하기에 가장 적합하다는 말이다. 물이 냉기를 전부 배출했을 때는 물에서부터 후끈한 열기가 표출된다.

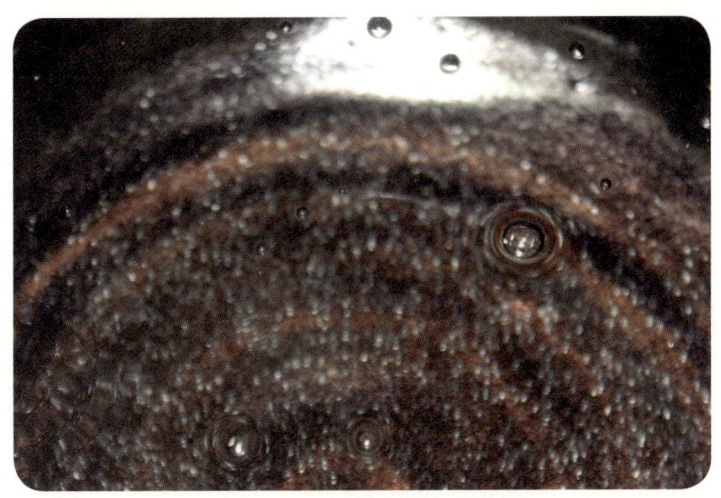

〈 게눈 〉

이때를 일러 '물의 원신'이 표출되었다 말한다. 물과 불을 다루는 팽주는 물의 기운을 느끼면서 물의 원신이 표출되는 때를 읽을 줄 알아야 한다. 그래야만 진정한 팽주로서의 자격을 갖춘 것이다.

물이 불에 저항하는 시간이 잠시 지속되다가 어느 때 부터 새우눈보다 좀 더 큰 물방울이 다발적으로 올라온다. 이때가 바로 게눈의 상태이다. 물방울의 형태를 새우눈이니 게눈이니 하는 이름으로 부르는 것은 옛사람들이 지어놓은 명칭이다.

이는 물방울의 크기를 표현하기 위해서 빌려 쓴 개념이다. 물방울의 크기가 커진다는 것은 물이 불에 저항하면서 뱉어내는 가스의 양이 많아진다는 것이다.

④ **물고기눈이 일어선다.**
불의 세기에 따라 약간의 차이가 있지만, 게눈의 과정은 길게 유지되지 않는다.
불과 몇 초간 유지되다가 금방 그 형태가 커진다. 이때의 물방울의 크기가 물고기눈 만하다 하여 그 상태를 물고기눈이라 부른다. 물고기눈이 올라오면서부터는 물기둥이 생겨난다. 그래서 이 상태를 일러 1비라 부른다.

1비라는 말은 처음 물기둥이 세워졌다는 말이다.
게눈의 상태에서 물고기눈의 상태로 오기까지 중심은 두 번의 변화를 일으킨다.

첫 번째 변화는 답답하게 뭔가가 터져 나올 것 같은 느낌이 사라지는 것이고 두 번째 변화는 뭔가 막혀 있던 부분이 뻥 뚫린 것 같은 개운함이 생겨나는 것이다. 전자는 불이 물을 제압하기 시작하면서 생겨나는 변화이고 후자는 솟아오르는 물기둥의 형태가 중심의 막힘을 해소했기 때문에 생기는 현상이다.

평소에 중심이 답답하게 느껴지는 사람은 위장이 안 좋은 사람이다.
그런 사람은 관수를 할 때에도 중심에 답답함이 깔려 있고 특히 게눈이 일어서기 직전에는 그 답답함이 더욱더 크게 느껴진다.

그러다가 물고기눈의 상태에서 물기둥이 일어서는 그 형상과 동치가 이루어지면 그때 그 답답함이 해소된다.
즉 위장의 상태가 그 순간에 개선되는 것이다. 나중에 제대로 끓인 점다 녹차를 마시게 되면 위장병이 완전하게 치유될 수도 있다.

물고기눈의 과정에서도 역시 물의 냉기는 계속 느껴진다. 오히려 게눈의 상태보다도 더 많은 냉기가 표출된다. 불이 물의 기세를 제압하기는 했지만 아직은 물의 저항이 계속되는 것이다.

〈 물고기 눈 〉

⑤ **2비를 관조한다.**

물고기눈이 일어서고부터는 물의 냉기를 가늠하는 것과 물기둥의 형태를 관찰하는 것에 주의를 집중한다.

처음 물고기눈이 일어설 때는 뽀글뽀글하면서 큰 물방울이 올라오다가 잠시 시간이 지나면 그것이 물기둥으로 바뀌고 그다음에는 두세 개의 물기둥이 따라서 일어난다.

불의 힘이 적당하면 한 개의 물기둥이 두 개로 늘어나고 세 개로 늘어나는 것이 약간의 시차를 두고 일어나는데 그렇지 않으면 그 과정이 순식간에 일어난다. 이때가 바로 2비의 상태이다.

물 끓음이 2비로 들어가면 이때부터 풋풋하면서도 향긋한 물 내음이 뺄어진다. 그 향기 또한 일품이다. 처음 탕관에 물을 넣고 새우눈의 상태까지는 설익은 물비린내가 나지만 2비에서부터는 잘 익은 단내가 난다. 물의 냄새를 이처럼 관찰하는 것 또한 팽주가 갖추어야 할 능력이다.

앞서 말했듯이 생명과 생명이 교류하는 것은 의식의 활용을 통해서 이루어진다 했다.

만약 팽주가 자신의 의식을 포괄적으로 활용해서 물 생명과 불 생명, 그 밖의 다른 생명과 교류할 수 있다면 더 크고 더 넓게 조화를 이룰 수 있을 것이며 나아가서는 더 큰 삶의 성취를 이룰 수 있을 것이다.

2비로 들어가면서 중심에서도 변화가 일어난다. 물의 솟구침과 같이 가슴 바탕에서부터 울렁임이 일어나는 것이다. 그것은 마치 파도치는 바다 위에 조각배를 타고 앉아 있는 느낌이다.

간이 건강한 사람이라면 그 느낌을 즐겁게 주시할 수 있지만, 간이 안 좋은 사람이라면 그 느낌이 어지럽게 느껴진다. 그렇더라도 그 어지러움에 관여되지 않고 중심의 이면을 지켜볼 수 있으면 그 상태에서 간이 다스려진다. 비장이 안 좋은 사람은 그 과정에서 속이 미슥해진다.

2비의 상태를 정확하게 판단하는 것은 점다의 전체 과정에서 매우 중요하다. 왜냐하면, 점다를 하는 것이나 전다를 하는 것이 1비와 2비 사이에서 이루어지기 때문이다.

엄밀히 말하면 점다는 역2비와 역1비 사이에서 행해지고, 전다는 순1비와 순2비 사이에서 행해진다.

역2비와 1비란 물끓음이 극점에 이르렀다가 불을 끈 다음에 물끓음이 잦아지면서 일어나는 변화이고 순1비와 순2비란 물 끓음이 올라가는 상태에서 일어나는 변화이다. 참고로 물 끓음이 극점으로 올라간 상태를 4비라 부른다.

전다의 대상이 되는 차는 대부분 발효차이거나 녹차의 경우 잎이 다 피었을 때 만든 차, 즉 대작이나 만작의 상태에서 만든 차이다. 점다와 전다가 이루어지는 시간은 물 끓음의 과정 중에서 약 2초 정도이다.

1비와 2비 사이에서 그 2초의 시간을 놓쳐버리면 차생명과 물생명이 융화를 이루지 못한다. 그렇게 되면, 차의 진기를 취할 수가 없다. 즉 차의 원신을 표출시키지 못한다는 말이다. 이와같기 때문에 1비와 2비의 상태를 정확하게 판단하는 것이 매우 중요하다고 말하는 것이다. 이 또한 물끓이는 과정을 수없이 반복해봐야 체득될 수 있는 경지이다.

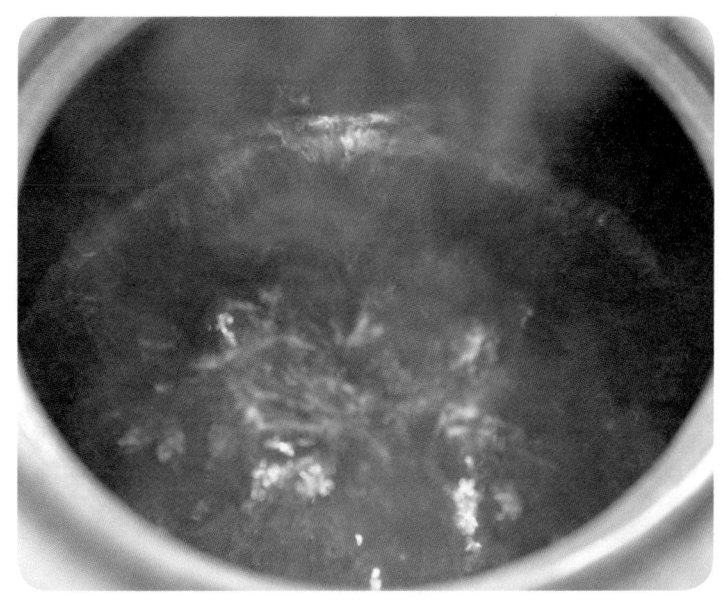

〈 2비 〉

⑥ **3비에서 기다린다.**

2비에서 3비로 올라서는 것은 순식간에 이루어진다.
약 1분 정도의 시간이면 3비의 증상이 나타난다. 3비란 물기둥이 세 개 이상 일어나는 상태를 말한다.

2비에서 물기둥의 상태를 살피다가 물기둥이 세 개 이상 일어서면서 물의 출렁임이 커지면 이때가 바로 3비의 상태이다.
3비는 처음 시작에서부터 그 절정에 달하기까지 약간의 시간이 필요하다.

3비에서는 물이 불에 저항하는 성향이 또 한 번 커진다.
물의 마지막 저항이 시작되는 것이다.
이때의 중심은 그야말로 격정에 휩싸여 있다. 수면의 출렁임이 중심을 진탕 시켜놓고 물의 강력한 저항이 중심에 힘이 들어가도록 한다. 그러면서 이때까지 느껴보지 못했던 강력한 냉기가 물에서부터 표출된다.

저르르하면서 손끝이 시릴 정도로 강한 냉기가 물에서부터 뱉어지는데 이것이 바로 물이 불에 저항하는 마지막 수단이다.
물은 끓음의 과정을 통해 스스로 안에 내포되었던 이물질을 뱉어내고 본래의 순수한 형질에 가까워진다. 그런 물은 강력한 에너지를 머금고 있어서 차의 냉기를 제거하기에 적합하고 차의 입자를 잘게 끊어내서 차의 영양분을 최대한 이끌어 낼 수 있는 효능이 있다.

물 끓이기를 하는 전체 과정이 모두 중요하지만, 특히 3비의 과정에서 유의해야 할 것이 있다.
그것이 바로 기다리는 것이다. 물 끓임의 경험이 부족한 사람은 3비와 4비를 구분하지 못한다. 3비를 4비로 착각하는 경우가 생기는 것이다.

물이 파문을 일으키면서 끓어오르니까 이제 극점으로 끓었겠지 하고 생각하는 것이다.
그 시점에서 불을 꺼버리는 우를 범하게 되면 물이 설익어서 차의 힘을 이겨 낼 수 없다.

간혹 불의 힘이 약해서 물 끓음이 3비 이상 일어나지 않을 때도 있다. 그럴 때도 마찬가지 결과가 나타난다. 용기의 크기가 너무 커서 불이 물을 이기지 못할 경우나 용기에 물을 너무 적게 부어서 끓일 때 모두 같은 결과가 나타난다.

〈 3비 〉

⑦ **4비의 절정에서 세 호흡을 헤아린다.**
용기와 불, 물의 조건이 완벽하게 갖추어졌을 때 3비의 기다림이란 중심에서 느껴지는 그 모든 변화를 이면으로 바라보는 것이며 손끝에서 느껴지는

기운의 감각에 의지를 집중하는 것이다.

그러다 보면 어느 때인가 손끝에서 와 닿는 기운이 차가운 냉기에서 후끈한 열기로 바뀌는 것을 느끼게 된다. 그 상태에서 물 끓는 형상을 바라보면 물방울이 물기둥에서부터 통통 튀어 오르는 형태를 하고 있다.
중심 또한 후끈한 열기로 둘러싸여서 황홀한 상태가 된다. 그때가 바로 4비의 상태이다. 그때 느껴지는 열기는 물이 원신을 표출시키면서 뱉어내는 선천기의 열기이다. 그때를 기점으로 천천히 호흡을 들이쉬면서 물의 열기를 하단전으로 끌고 간다.

중심에 모여있던 후끈한 열기를 하단전으로 내리는 것이다. 그리고 천천히 호흡을 내쉰다.
이 상태를 세 번 반복한다. 호흡이 짧은 사람은 다섯 번 정도 반복한다. 그 시간이 약 1분 정도 소요된다. 4비의 상태를 1분 정도 지속시켜주는 것이다. 그런 다음 화로의 불을 끈다.

물과 불을 다루는 팽주가 물의 원신이 표출되는 기미를 느낄 수 있게 되면 팽주로서의 역량이 절반은 갖춰진 것이다.

이런 역량은 삼관이나 기공을 익히지 않고는 절대로 갖춰지지 않는다. 점다를 함에 있어 물의 원신을 얻는 것이 가장 중요한 과정이다. 새우눈에서부터 4비에 이르기까지 물 끓음의 모든 과정이 이 순간을 위해 필요한 절차이다.

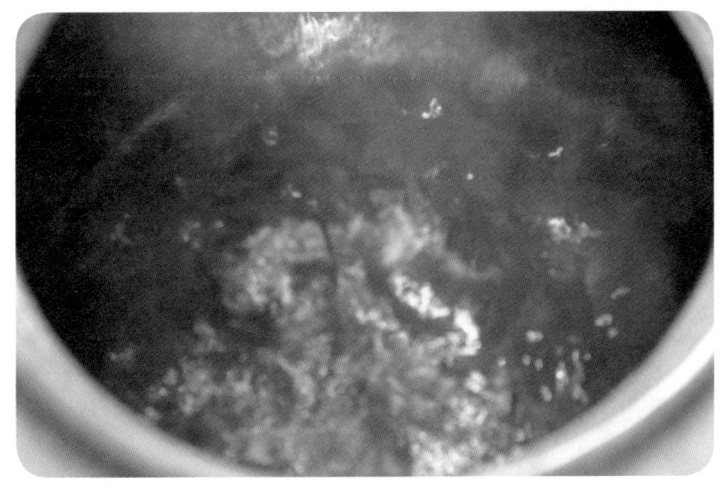

〈4비〉

⑧ 중심의 끈을 놓지 않고 역3비를 관수한다.

4비의 절정에서 불을 끈 다음에도 물 끓는 형태를 지속해서 주시한다. 그러다 보면 물기둥이 점점 사그라지면서 역3비의 상태가 드러난다. 4비의 상태에서 황홀경을 느끼고 하단전에 물의 열기를 집약시킨 팽주는 이 과정에서도 중심과 기운의 상태를 지속해서 살펴본다.

아직도 중심은 열기로 쌓여 있고 손바닥에서도 열기가 느껴진다. 하단전 또한 후끈하게 달아오른 상태이다. 4비에서 시작된 호흡을 이 상태에서도 계속한다. 그러다 보면 어느 때부터인가 중심에서부터 변화가 일어난다. 중심의 열기가 천천히 사그라지면서 무언지 모를 그리움이 일어나는 것이

녹차 점다

다. 마치 누군가가 그리운데 그 대상이 떠오르지 않는 때처럼 막연한 그리움이 중심에서 일어난다.

⑨ 그리움은 역2비를 불러오고 차는 향기를 풀어낸다.

그 그리움을 주시하면서 물 끓는 형태를 바라보면 2비의 형태를 띠고 있다. 이때가 바로 역2비의 과정이다. 역3비에서 역2비까지의 과정은 약 1분 30초 정도 소요된다.

불판이 머금고 있는 열기나 용기의 밑판이 머금고 있는 열기가 강하면 그 시간이 약간은 길어진다. 돌 탕관은 그 시간이 좀 더 길어진다.

점다의 모든 과정에서 이때가 가장 중요한 때이다. 왜냐하면, 역2비에서 역1비 사이에 차를 넣어야 하기 때문이다. 일단 물 끓음이 역2비에 들어서면 이때부터 팽주는 최대한의 능력을 활용해야 한다. 눈은 물론이고 귀와 입, 코와 중심, 기운의 느낌 등 팽주가 활용할 수 있는 모든 의식을 동원해서 탕관 속에서 끓고 있는 물의 상태를 살피는 것이다.

3비에서 시작된 그리움은 어느 때 부터 갈망으로 바뀌고 그때까지 기운을 표출시키던 물이 갑자기 그 흐름을 바꾸어서 팽주의 기운을 빨아들이기 시작한다. 그리고 갈아놓은 녹차의 향기가 코끝을 자극한다. 입안에서는 단침이 돈다.
그때까지 돌돌 거리던 물 끓는 소리는 갑자기 잦아든다. 이때가 바로 차를 넣어야 할 때이다. 이것이 역2비가 절정을 이룬 때이다.

물은 4비의 절정을 갈망하고 차는 물을 그리워하니 팽주는 교감신경이 자극되면서 미주신경이 활성화된다. 이때 중심에서 느껴지는 갈망은 물이 4비를 갈망하는 것이며 차가 향기를 뱉어내는 것은 물의 갈망에 화답하는 것이다.

팽주의 코끝을 자극한 차의 향기는 팽주의 교감신경을 자극하고 그 결과로 미주신경이 반응하면서 입안에 침이 고이는 것이다.
이때가 바로 차 생명과 물 생명, 사람 생명, 용기 생명, 그리고 불 생명이 조화를 이룰 때이다. 이 시간은 길게 유지되지 않는다. 약 2초 정도 유지될 뿐이다. 각성이 부족하거나 눈으로만 물 끓음을 관찰하는 팽주는 그 시간을 지나쳐버리기가 쉽다.

⑩ **차신이 떠오르고 역1비가 시작된다.**
그 2초의 상간에 차가 탕관 속으로 들어가면 갑자기 물 끓음이 다시 거세어진다.
차 생명과 물 생명이 만나면서 부딪침이 생겨났기 때문이다. 잠시 그 상태가 지속되다가 지지지지 하면서 연두색의 고운 말이 피어오른다. 이것이 바로 차신이다. 엄밀히 말하면 차의 입자가 물의 입자에 쪼개지면서 차의 수관 속에 있던 가스와 엽록소 속에 내재되어 있던 가스가 표출되는 현상이다. 그 과정에서 차의 냉기가 제거되고 차의 양분이 함께 표출된다.
다신전에 이르기를, 다도의 정수는 차의 원신을 섭취해서 영과 육을 건강하게 하는 데 있다고 했다.

이런 경지를 이루려면 먼저 물의 원신을 얻어야 하고 그다음에는 차의 원신을 표출시킬 수 있어야 한다. 하지만 점다법을 통하지 않고는 그와 같은 인연을 만날 수가 없다.

밝은 연둣빛의 차신이 피어오르는 과정은 역2비의 그 순간에서부터 역1비에 이르기까지 계속된다.
그 모습이 참으로 장관이다.
차를 탕관에 넣고 나서 중심을 살펴보면 가슴 바탕에서부터 막강한 기세가 일어난다. 그리고 그 기운이 가슴 전체로 퍼져 나가면서 막힌 부위들을 거침없이 뚫어준다.
가슴은 부풀어 오르고 기쁨이 생겨난다. 그러면서 가슴과 하단전이 하나로 통해진다. 그야말로 환희의 절정이다. 눈동자가 커지고 콧구멍이 확장되며 온몸의 세포들이 탄성을 질러댄다. 하지만 아직도 점다의 축제는 끝나지 않았다.

〈차신〉

⑪ **게눈과 새우눈을 거쳐서 근원으로 돌아가다.**

차신을 뱉어내는 역1비의 과정과 게눈 새우눈의 과정은 같은 연결 선상에서 이루어진다.

즉 마지막 새우눈의 과정까지 차신을 뱉어내는 일이 계속된다는 말이다.
역 2비의 상태에서 다시 역 새우눈의 상태로 오기까지는 약 5분 정도 소요된다. 그 시간 동안 중심은 점점 가라앉아서 어느덧 고요한 상태가 된다.
즉 마지막 새우눈의 과정까지 차신을 뱉어내는 일이 계속된다는 말이다.
역 2비의 상태에서 다시 역 새우눈의 상태로 오기까지는 약 5분 정도 소요된다. 그 시간 동안 중심은 점점 가라앉아서 어느덧 고요한 상태가 된다.
하지만 중심에서 느껴지는 열기는 더욱더 강해져 있다.

중심에서 일어나는 모든 상태는 물과 동치를 이루면서 생겨난 것이다. 그래서 물의 움직임이 사그라지면 중심도 함께 고요해지는 것이다.
점다의 행을 통해 얻어지는 효과는 앞서 설명한 대로 여러 가지가 있지만, 특히 중요한 것이 바로 중심으로 일치를 이룰 수 있는 역량을 키울 수 있다는 것이다.

이 경지가 바로 물아일치의 경지이다. 물, 불, 차, 용기와 중심으로 교류할 수 있는 팽주는 능히 그런 경지를 체득한 사람이다.
물에서 일어났던 파문이 사라지고 분분히 올라오던 찻가루 마저 그 움직임을 멈추면 그때 화로에서 탕관을 내린다.
그리고 처음 탕관에 물을 부어 관수를 할 때처럼, 그 잔잔함을 지극히 관조

한다. 이것이 바로 근원으로 회귀한 때이다.

이렇게 물 끓음의 13단계를 거쳐서 근원으로 돌아오니 그 과정 중에 무엇이 남았는가. 중심과 그 이면을 살펴보면서 그 답을 찾아볼 때이다.

4-4) 잘 익은 물 만들기

앞서 물 끓이는 과정에서도 잠깐 언급했듯이 잘 익은 물을 만드는 것은 쉬운 일이 아니다.

그러기 위해서는 물과 불, 그리고 용기의 조건이 완벽하게 갖추어져야 하기 때문이다.

설령 그런 조건이 갖추어졌다 하더라도 사람이 때를 읽지 못하면 잘 익은 물을 얻을 수가 없다. 물이 불을 만나서 극점까지 끓어오르는 것은 매양 마찬가지이나 끓음의 과정이 어떠했느냐에 따라 네 종류로 나누어진다.

첫째가 미숙이다.

이는 물이 극점까지 끓어오르지 못했을 때 생겨나는 현상이다.

즉 4비를 만나지 못하고 3비까지 끓었거나 4비에서 충분한 시간 동안 기다리지 못한 상태의 물이라는 말이다. 이런 물로 차를 끓이면 차신이 잘 뜨지 못하고 차가 익지 않는다.

그런 상태에서는 차 맛이 떫거나 탁한 상태가 된다.

둘째가 노숙이다.

이는 4비의 과정이 지나치게 오랫동안 지속되었을 때 생겨나는 현상이다.

이 또한 차를 끓이기에 부적합한 물이다. 노숙의 물 또한 차의 입자를 끓어내는 힘이 약하다. 그래서 차의 양분을 표출시키는 것에 한계가 있다. 노숙의 물로 끓인 차는 그 맛이 밍밍하다.
즉 물과 차가 제대로 섞이질 못하고 따로 노는 느낌이 드는 것이다.

셋째가 후숙이다.
이는 물 끓음이 일곱 단계를 거치지 않고 이루어졌을 때 생겨나는 현상이다. 불의 힘이 너무 강한 상태에서 물 끓음이 이루어졌거나 탕관의 뚜껑을 닫아놓은 상태에서 물 끓음이 이루어졌을 때 이런 현상이 나타난다. 일반적으로 커피 포터에 물을 끓일 때 이런 현상이 일어나고 가스레인지에 물을 끓일 때 이런 현상이 일어난다.
후숙의 물은 불의 에너지를 간직하지 못한 물이다. 따라서 이런 물로 차를 끓이면 차의 표면만 훑어낼 뿐 그 속을 녹여내지 못한다.
맛 또한 거칠고 탁하다.

넷째가 순숙이다.
이는 물이 극점까지 끓어오르는 과정이 정확하게 7단계로 이루어진 물이다.
차를 달이는 물은 오로지 순숙의 물만을 사용한다.
순숙의 물을 얻었을 때 비로소 점다가 이루어진다.

5) 녹차 생명과 물 생명의 만남

5-1) 녹차 생명

녹차는 잎차 생명이다. 식물은 두 개의 심장을 갖고 있다. 하나는 뿌리이고 또 하나는 잎이다.
동물의 심장은 피를 돌게 하는 역할을 하지만 식물의 심장은 물을 돌게 하는 원인이 된다.
뿌리가 양분을 섭취하는 것이나 잎이 뿌리에서부터 수분을 끌어올리는 것은 모두가 다 전자가 운동하면서 일으키는 장력 때문이다. 이것을 일러 중력이라 한다.

나무는 잎과 뿌리라는 두 개의 중력장을 갖고 있다.
잎이 졌을 때는 가지 끝이 중력장을 일으키는 역할을 한다. 중력장 안에 있는 모든 물질은 중력장을 일으키는 근원을 향해서 회귀하고자 하는 속성이 있다. 즉 전자운동이 촉발되는 근원을 향해서 운동하는 관성을 갖고 있다는 말이다. 나무의 잎이 붙어 있는 가지 끝은 나무입장에서는 위가 아니고 아래에 해당한다.

녹차는 잎차 생명이면서 녹차 나무의 심장인 것이다. 녹차 나무는 사철나무이다. 사시사철 녹색의 잎이 붙어 있는 상록수의 일종이다. 그런 녹차나무의 심장을 취해서 우리는 점다의 재료로 쓴다. 그래서 찻잎을 다루는 것은 진중하면서도 정성스럽게 다루어야 한다. 함부로 찻잎을 다뤄서는 안

된다.

고대 신농씨는 72가지 독에 중독되었을 때 찻잎을 달여먹고 그 독을 해독하였다는 기록이 있으며 진대의 팽조는 무위산에서 나는 암차를 달여 먹고 신선이 되었다고 한다.

그만큼 옛사람들은 차 자체를 신성시했다. 오죽했으면 조상에게 지내는 제사를 차례라 하고, 중요한 모든 의식에 차를 예물로 올렸겠는가. 옛날에는 어떤 제사든지 차를 올려서 그 예를 다했다 한다. 제사에 술을 올리는 것은 뒷사람들이 만들어낸 잘못된 법식이다.

모든 식물의 잎들이 나무의 심장으로서 민감한 요소를 갖고 있지만, 특히 녹차는 까다로울만큼 예민한 부분을 갖고 있다. 생장조건이나 채취의 시기, 차를 법제 하는 방법에서부터 마시는 방법에 이르기까지 너무나도 복잡한 과정을 거쳐서 한 잔의 감로가 완성된다.

5-2) 좋은 녹차란 어떤 녹차인가?

녹차 생명의 그 복잡다단한 살림살이를 말하기에 앞서 우선 좋은 녹차가 어떤 녹차인가에 대해 알아보자.

다서에 이르기를 좋은 차는 그 잎이 자색 빛을 띠며 형태가 쭈글쭈글하고 두께가 얇다 했다. 그런 차가 만들어지려면 토양이 척박하고 거름기가 없어야 한다고도 했다. 즉, 바위산이나 돌무더기 자갈밭에서 자라는 차가 좋은 차가 될 수 있다는 말이다.

거름기가 많은 땅에서 자란 찻잎은 그 잎이 두텁고 수분이 많다.

〈 자순차 〉

그런 찻잎은 법제를 할 때에도 불과 융화를 이루지 못한다.

나중 점다를 할 때 물과도 융화를 이루지 못한다. 그런 차를 끓였을 때는 물비린내가 난다. 거름기가 많은 차를 차로 법제하게 되면 센 불을 먹이지 못한다.

솥의 온도가 300도를 넘어서면 찻잎이 타버리기 때문이다.

차의 생장조건이 좋다고 해서 그 자체만으로 좋은 차가 만들어지는 것이 아니다. 좋은 차가 되기 위해서는 아직도 넘어야 할 고비가 첩첩이 쌓여 있다.

좋은 차를 만들기 위한 두 번째 과정은 바로 차를 따는 시기를 아는 것이다. 차를 따는 시기는 절기 중의 시기가 있고, 하루 중의 시기가 있으며, 기후 여건에 따른 시기가 있다. 절기 중의 시기는 대체로 곡우 이전 이후로 나뉘며 시기에 따라 채취한 차를 우전 세작 중작 대작 등으로 부른다.

우전이란 곡우 이전에 딴 차를 말하고 세작부터는 곡우 이후에 딴 차를 잎의 크기에 따라 이름 붙인 것이다.
기후여건에 따른 시기는 비가 내릴 때 나 비가 온 뒤 4일 안에는 차를 따지 않는 것이다. 왜냐하면, 수분을 과도하게 머금은 찻잎은 법제 하기가 어렵기 때문이다.
유난히 비가 많이 내린 해에는 차를 법제해도 그 맛이 싱겁다.

하루 중의 시기는 해가 떠오르기 직전에 딴 차가 가장 좋고 해가 뜬 후에도 이슬이 마르기 전에 딴 차가 좋다. 왜 그러할까?
이때에는 차나무의 심장이 온통 그리움으로 물들어 있기 때문이다.
모든 식물은 태양을 그리움의 대상으로 삼는다. 어스름 여명이 밝아올 무렵, 숲을 이루고 있는 나무들을 바라보면 나뭇잎에서부터 뿌연 기운이 일어나서 해가 뜨는 방향을 향해 쭈욱 뻗어 간다.
마치 사무치도록 기다리던 임을 만나서 두 팔을 벌리고 달려가는 연인들처럼 해가 뜨는 방향을 향해 자신의 기운을 내뿜는 것이다. 잎이 진 겨울에는 가지 끝에서 그런 기운이 뻗어 나온다. 그 모습을 보면 나무가 햇빛을 머금고 살아가는 것이 이해가 된다.
그만큼 그리워하기 때문이다.
이때 나무의 잎은 온통 해에 대한 그리움으로 가득 차 있다. 심장이 사랑에 빠진 것이다. 해가 떠올라도 그 그리움의 열정이 사그라지지 않는다. 그때에는 더 많은 기운을 내보내서 햇빛을 희롱한다.
차나무 또한 마찬가지이다. 오히려 차나무는 햇빛에 대한 갈망이 더 크다. 대부분의 상록수는 그런 성향을 갖고 있다. 이때가 바로 찻잎을 딸 때이다.

이때 채취한 찻잎에는 냉기가 적게 내포되어 있다. 이미 태양을 향해 자신의 기운을 품어내면서 냉기도 함께 배출시켰기 때문이다. 또 이때 채취한 찻잎에는 스트레스가 적게 배어 있다.
그래서 찻잎의 향기와 신선도가 오랫동안 보존된다.

모든 식물은 그 뿌리나 줄기, 그리고 잎 속에 엄청난 냉기를 안고 있다.
뿌리나 줄기는 수관 속에 냉기를 저장하고 있지만, 잎은 엽록소와 수관 속에 냉기를 저장하고 있다. 식물을 섭취할 때는 식물이 가진 영양소도 섭취하지만, 냉기도 함께 섭취한다.
때문에 간 기능이 저하된 사람은 식물을 생으로 섭취하는 것이 좋지 않다.
식물의 냉기는 자신을 훼손시키는 해충으로부터 자신을 보호하기 위해 만들어낸 화합물 때문에 생기기도 하고, 탄소 동화 작용을 하는 과정에서 만들어지기도 한다. 열악한 환경 속에서 성장한 차를 최상의 차라고 말한 것도 그런 조건에서는 냉기가 적게 만들어지기 때문이다.

차의 생장조건에서부터 점다에 이르기까지 차를 법제 하는 모든 과정에서 가장 우선시하는 것이 바로 차의 냉기를 다스리는 것이다.
냉기가 다스려진 차는 그 자체만으로 최고의 선약이다. 능히 뼈를 변화시키고 근육과 힘줄을 튼튼하게 해준다.

좋은 차를 만들기 위해 거쳐야 하는 세 번째 과정이 차를 법제 하는 것이다. 서로 다른 종류의 차마다 또는 서로 다른 지역마다 각각에 걸맞은 차의 법제 법이 있지만 점다용 녹차는 덖음 방식으로 구중구포한 차가 가장 적합하다.

덖음 방식이란 차의 생잎이 갖고 있는 자체의 수분과 솥의 강한 열이 더해져서 차를 익히는 방법이다.
차를 구중구포하는 것 또한 차의 냉기를 제거하고 차의 진미를 표출해내기 위해서다. 차를 덖고 나면 온몸의 관절이 다 쑤시고 아프다. 특히 손가락 마디와 손목, 팔꿈치와 어깨에 생긴 통증은 거의 한 달이 지나가야 증세가 가라앉는다. 차를 덖는 과정에서 뿜어지는 냉기 때문에 생긴 증상이다.

차를 덖어보면 첫 덖음에서 차의 성격을 알 수 있다. 거름기를 많이 먹은 차인지 아니면 수분을 많이 머금은 차인지 스트레스를 많이 받은 차인지 알 수 있다는 말이다.
거름기가 많은 차는 센 불을 감당하지 못하고 수분이 많은 차는 불발이 먹히지가 않는다.

스트레스를 받은 차는 향기가 죽어 있고 센 불에 약하다.
첫 덖음이 이루어질 때 차에서는 엄청난 냉기가 표출된다. 차가 불에 저항하면서 냉기를 뱉어내기 때문이다.
두 벌 덖음이나 세 벌 덖음에서도 냉기를 뱉어내기는 매한가지이지만 첫 덖음보다는 약하다. 덖음이 반복될수록 찻잎에서는 지독한 가스가 뱉어진다. 엽록소나 수관 속에 내장되어 있던 가스가 열을 받으면서 빠져나오는 것이다.

냉기와 가스가 빠져나오면 찻잎에서는 향긋한 꽃향기가 올라온다. 찻잎을 덖는 목적이 바로 거기에 있다. 이런 과정으로 아홉 번을 덖으면 엽록소에 저장되어 있던 냉기나 가스는 대부분 제거된다. 하지만 수관 속에 저장된 냉기와 가스는 아직도 완전히 제거된 것이 아니다.

차를 법제 하는 과정을 통해 제거할 수 있는 냉기와 가스는 여기까지이다. 이 과정에서 다 제거하지 못한 냉기는 점다의 과정에서 마저 제거한다.

좋은 차를 만들기 위한 네 번째 과정이 차를 분쇄하는 것이다. 차를 분쇄한다는 것은 찻잎의 수관을 끊어내서 수관 속에 들어있는 가스와 냉기를 효과적으로 뽑아내기 위해서다. 그렇다고 찻잎을 분쇄하는 것만으로 수관 속의 냉기가 제거되는 것은 아니다. 제대로 된 물 생명을 만나야 그 일이 성취된다.

5-3) 물 생명과의 만남

차와 물 생명이 만나는 시점에 따라 서로 다른 다법이 생겨난다. 그것이 바로 점다법, 전다법, 자다법, 포다법이다.

물이라는 말을 한글 파자로 풀어보면 다음과 같은 뜻이 있다.

ㅁ : 고정된 틀.
ㅜ : 아래로 향해지다.
ㄹ : 그것을 계속한다.

고정된 틀을 갖고 아래로 향해짐을 계속한다.

물 생명은 언제 어느 때에 어떤 대상을 만나 교류하느냐에 따라 그 성향이 확연하게 달라진다.

때문에 물 생명과 조화를 이루기 위해서는 교류하는 대상에 따라 만나는 시점을 서로 달리 해주어야 한다. 차 생명과 물 생명이 만나는 것도 마찬가지이다. 차 중에서도 보이차는 물 끓음이 올라가는 순1비에서 차를 넣고 녹차류는 물 끓음이 가라앉는 역2비에서 차를 넣는다. 홍차 같은 경우는 홍배를 한 후에 처음부터 찻잎을 넣고 물 끓음을 시작하고 꽃차 같은 경우는 물을 끓인 후 미지근할 때 까지 식혀서 차를 우린다. 이렇듯 같은 차류라도 물 생명과 만나는 시점을 서로 다르게 조절한다. 차의 성품에 따라 물 생명과 융화를 이룰 수 있는 때가 다르기 때문이다.

보이차의 경우를 전다라 하고, 녹차의 경우를 점다라 하며, 홍차의 경우를 자다라 하고, 꽃차의 경우를 포다하투법이라 한다.

현대에 유행하는 다법은 포다법이다. 즉 다관에 차를 넣고 뜨거운 물을 부어서 차를 우려먹는 방법이라는 말이다. 요즘에는 대부분의 차인들이 어떤 차든지 구분을 두지 않고 포다법으로만 차를 우린다. 때문에 차 생명과 물 생명이 조화를 이루도록 한다는 것은 생각지도 못한다. 이렇게 된 이유 중 가장 큰 원인이 바로 점다나 전다의 방법 자체가 소실되었기 때문이다.

앞서 차의 유래에서도 언급했듯이 점다법과 전다법은 명나라 초기와 조선조 초기에 그 명맥이 끊어졌다. 우리나라는 조선 말기에 초의선사나 정약용에 의해 다법이 부활했지만, 그때 부활한 다법이 점다법이 아니고 포다법이었다.

초의선사 같은 경우는 연고차를 재연했으면서도 그것을 포다법으로 우려먹었다. 정약용이나 초의선사가 부활시킨 다법은 그 근거가 명대에 쓰여진 만보전서라는 책이었다.

이는 명대에 만들어진 백과사전 같은 책인데 그 책에 쓰인 다법이 포다법이었다.

녹차나 보이차를 포다법으로 우리게 되면 차가 가진 냉성이 제거되지 못해서 장복하면 몸을 상하게 할 수 있다.

냉병에 걸리든지 골다공증이 생기든지 위장병이 생기든지 하는 것이 차의 냉기를 제거하지 못한 상태에서 차를 과다하게 마셨기 때문이다.

물론 포다법이 무조건 나쁜 것은 아니다.
차의 성향에 따라 포다법으로 마셔야 할 차들이 있고 가끔 풍미를 즐기기 위해 포다법이 필요할 때도 있다.
대체로 꽃차류나 낮은 온도에서 덖은 녹차류가 포다법으로 먹기 좋은 차이다.
육우가 저술한 다경에 보면 차는 그 성향이 인삼과 같아서 사람에 따라 맞는 사람이 있고 안 맞는 사람이 있을 수도 있다 했으며 그러한 연유 때문에 반드시 법제를 통해 그 성향을 다스려줘야 하고 먹는 방법을 올바로 해야 한다고 했다.

5-4) 녹차와 물이 만나는 시점을 마음으로 점찍으니 녹차를 점다함이로다.

순숙의 물을 얻고 좋은 차를 갖추었으면 이때가 바로 점다를 할 때이다.
재차 강조하지만 점다는 물 생명과 차 생명이 만나는 때가 가장 중요하다.

역2비에서 역1비로 넘어가는 그 시점에서 한순간을 놓치게 되면 지금까지 준비했던 모든 노력이 수포로 돌아간다.
물 끓음이 가라앉으면서 물기둥이 춤을 추고 기포로 바뀌는 순간에 약 2초 정도의 시간이 점다를 해야 할 때이다. 만약 차를 넣는 시간이 너무 빠르면 물이 차를 튕겨내게 된다. 그렇게 되면 차 또한 물에 반발하면서 물과 반응하는 것이 더뎌진다.

종종 '그냥 차를 넣고 물에 끓이면 차가 우러나올 텐데 왜 그렇게 까다롭게 굴어요?' 라고 물어보는 사람들이 있다.

그런 경우에는 말한 대로 끓여서 제대로 점다가 이루어진 차와 그 맛을 비교해본다. 그러면 다시는 그런 질문을 하지 않는다.

어떤 사람은 '점다하는 온도를 측정해서 그 온도에 차를 넣으면 되지 않을까요?' 라고 묻는 경우도 있다.

그런 경우에도 똑같이 해서 맛을 보여준다. 그러면 질문을 한 번 더 한다.

'도대체 왜 이럴까요?'

그렇다. 같은 온도의 물이라고 해서 항상 같은 맛을 내는 것이 아니다.
특히 녹차 같은 경우는 물이 갖고 있는 에너지에 민감해서 우러나온 후에 향기와 맛, 색깔에 있어서 확연한 차이를 나타낸다. 녹차가 너무 빨리 물에 들어가면 그 녹차는 향기를 잃어버리고 단맛이 부족하며 산화가 급속도로 빨리 일어나서 색이 붉어진다. 언젠가 점다를 배우던 사람이 말하기를, '이상하네요. 자기 집에서 녹차를 끓이면 금방 색이 붉어지는데 스님이 끓인 녹차는 시간이 지나도 왜 색이 변하지 않을까요?' 라고 물어온 적이 있다. 혹시 물이 달라서 그런가 하고 물을 바꿔서 똑같은 물로 끓였는데도 그렇더라는 것이다.

그래서 '차를 넣는 시점을 조금 늦추세요. 선생님이 생각하시기에 너무 늦은 것이 아닌가 생각할 만큼 기다렸다가 그때 점다를 하세요.' 라고 말해주었다. 그랬더니 그다음 주에 와서 정말로 색깔이 변하지 않았다고 말했다.

점다를 하는 시점이 조금만 빨라도 차신이 충분하게 떠오르지 않는다.
차를 빨리 넣었으니 차신이 더 많이 떠오를 것이라고 생각할 수 있지만 절대로 그렇지 않다. 오히려 차신의 양이 급격하게 줄어든다. 이 또한 녹차와 물이 서로 밀어내면서 융화를 이루지 못했기 때문에 나타나는 현상이다.
이런 때에는 차 맛이 달지 않고 신맛이 섞여 있다.

반대로 점다하는 시기가 너무 늦어지면 어떤 현상이 나타날까. 우선 차신이 뜨다 말고 사그러든다. 그렇게 되면 물 끓음이 멈춘 다음에도 차가루가 수면위에 둥둥 떠있다. 그런 차는 냉기가 다스려지지 않은 차이다. 맛 또한 떫은맛이 남아있고 색깔이 탁한 빛을 띠게 된다.
차신이 충분하게 떠오른 차는 물 끓음이 멈추면 차의 입자가 모두다 수면 아래로 가라앉는다. 수관이나 엽록소 속에 내재되어 있던 기포들이 모두 다 배출되었기 때문이다. 수관 속의 기포가 모두 다 배출되려면 물의 입자가 차의 입자를 효율적으로 쪼개내어야 한다.
하지만 물의 기세가 너무 왕성하거나 물의 힘을 잃어버리게 되면 그 일이 제대로 이루어지지 않는다.

그렇게 되면 차의 냉기가 원만하게 제거되지 않고 약성 또한 제대로 표출되지 않는다.

차를 너무 일찍 넣어서 차의 향기가 죽어버리면 교감신경을 자극하는 것이 원만하게 이루어지지 않는다. 이렇게 되면 차를 마심으로써 얻어지는 효과가 줄어드는 것은 물론이고 차의 냉기를 제거하는 것이 원만하게 이루어지지 않는다.

1년 가까이 점다를 배운 부부가 있었다. 열심히 배운다고 배웠는데 좀처럼 그 맛이 좋아지질 않았다.
어느 날 수업시간에 직접 차를 끓여보라 했다. 그랬더니 의외로 괜찮은 맛이 나왔다. 여러 도반들이 칭찬했는데 유독 그 사람의 부인만큼은 시큰둥한 표정이었다.

'어떠세요?' 하고 물었더니
'글쎄요, 맛은 그런대로 나왔는데 땀이 안 나네요.'

그 말을 듣고 모두가 박장대소를 했다.

이런 경우가 바로 차를 너무 일찍 넣어서 향기를 잃어버린 경우이다.
향기를 잃어버린 차는 교감신경을 자극하는 힘이 부족해서 땀구멍을 열고 몸의 사기를 배출해주는 기능이 떨어진다.
향기가 살아있는 차는 능히 몸의 사기를 배출하고 힘줄과 근육을 강화시켜주며 관절을 튼튼하게 해준다. 점다를 하기에 가장 적합한 때, 그때에 차를 넣게 되면 물과 차가 서로 받아들이면서 그야말로 장관이 연출된다. 차신이 떠오르는 것이다.

그 형상이 마치 태초에 우주가 생성될 때의 모습과 같고 수많은 별이 우주의 중심을 축으로 공전할 때의 모습과 비슷하다. 그 모습을 바라보고 있다 보면 자신도 모르게 그 속으로 빨려들어가는 착각이 든다.

녹차든 커피든 어떤 차든지 간에 점다를 하게 되면 차신이 떠오른다.
녹차의 차신은 연한 녹색의 미세한 말의 형태이고 커피의 차신은 배전의 상태에 따라 색깔이 달라진다. 하지만 형태는 미세한 말의 형태이다.
녹차의 차신은 그 성분이 엽록소와 당분이고 커피의 차신은 지방과 당분

〈 녹차 차신 〉

이다.

차신이 떠오른다는 것은 여러 가지 의미를 내포하고 있다.
첫째 차의 냉기가 완전하게 제거되었다는 것이다.
둘째 차의 영양분이 최대한 표출되었다는 것이다.
셋째 물의 원신과 차의 원신이 조화를 이루었다는 말이다.
넷째 가장 왕성한 에너지를 내포하고 있다는 말이다.
다섯째 극상의 맛이 표출되었다는 것이다.

다도를 하는 사람이 위의 다섯 가지 항목 중 한 가지 항목이라도 실현해낼 수 있다면 능히 다도의 경지를 이루었다 할 것이다.

5-5) 화로에서 탕관을 내린다.

차신이 떠오르고 물 생명과 차 생명이 조화를 이루었으면 그다음에 중요한 과정이 있다. 바로 탕관을 화로에서 내리는 때를 아는 것이다.
차신이 표출되고 물 끓음이 멈추었으면 금방 탕관을 내리면 되지 않을까 이렇게 생각할 수도 있지만 그렇지 않다. 때를 기다려야 한다. 만약 이 과정을 소홀히 하게 되면 차신을 띄워놓고도 향기를 잃어버리고 맛의 풍미를 상실하게 된다. 참으로 어처구니없는 일이 벌어지는 것이다.

만약 탕관을 화로에서 너무 일찍 내리게 되면 향기는 탁하고 맛은 물맛에 가까운 상태가 된다. 반대로 너무 늦게 내리게 되면 맛은 그런대로 살아 있는데 향기를 잃어버린다.

여태껏 애써서 이루어놓은 공이 한순간에 허물어져 버리는 것이다. 그래서 점다를 배우는 사람들이 끓여놓은 차를 품평해 주면서는 특히 이런 부분을 지적해준다.

차를 너무 일찍 넣었는지 늦게 넣었는지, 물 끓음이 극점까지 다다랐는지 3비에서 멈추었는지, 차신이 충분하게 표출되었는지 그렇지 않은지, 화로에서 탕관을 너무 일찍 내렸는지 늦게 내렸는지. 마지막에는 찻잔에 차를 따른 양과 손님에게 차를 권하는 시간까지…. 이 모든 과정이 한 모금 차의 맛 속에 깃들어 있다.

물의 입자가 차의 입자를 쪼개낸 후에도 물과 차는 아직 완전하게 섞인 것이 아니다. 아직도 물은 차를 받아들이지 못했다. 너무 일찍 화로에서 차를 내렸을 때 물맛에 가까운 맛을 내는 것이 바로 이 때문이다. 차와 물이 완전하게 섞여서 융화를 이루려면 물 온도가 떨어져야 한다. 즉 물의 기세가 완전히 죽어서 차를 밀어내는 힘이 빠진 상태라야 된다는 말이다. 극점까지 끓었던 물이 80도 이하로 내려가게 되면 그때부터는 다시 새로운 에너지를 빨아들이려고 하는 의도를 갖게 된다. 그때 차의 입자가 물속에 녹아 있으면 그 에너지를 흡수하게 된다. 그 과정에서 차 맛과 물맛이 섞이게 된다.

그때 차의 입자가 물속에 녹아 있으면 그 에너지를 흡수하게 된다. 그 과정에서 차 맛과 물 맛이 섞이게 된다. 차 맛과 물맛이 제대로 섞였을 때 익은

향이 올라온다. 달콤하게 익은 향기가 탕관 안에서 뱉어지는 것이다. 이때 탕관 안을 들여다보면 분분히 올라오던 차 가루들이 그 움직임을 멈춘 상태이고 표출되었던 차신들이 뚝 뚝 끊어지는 형태를 하고 있다. 이때가 화로에서 탕관을 내릴 때이다.

5-6) 진향이 피어오르고

탕관을 내린 후에도 금방 차를 따르면 안 된다. 여기에서도 더 기다려야 한다.

탕관을 내린 다음 포자를 엎어서 탕관 위에 올려놓는다.
잠시 뒤에 포자를 들어 포자 안에 깃들어 있는 향기를 맡아본다. 약 1분 간격으로 그 동작을 반복한다. 그러다 보면 어느 때부터 달콤한 꽃향기가 맡아진다. 이것이 바로 차의 진향이다.

엄밀히 말하면 차와 물의 향기가 조화를 이루어서 만들어진 향기인 것이다. 이때에도 약 30초 정도 기다렸다가 찻잔에 차를 따른다. 만약 이때를 너무 지나쳐버리게 되면 진향을 잃어버리게 된다. 그래서 이때를 놓쳐서도 안 된다. 점다의 전체 과정은 그 한 과정 한 과정에서 혼신의 힘을 다해야 한다. 그야말로 그 모든 과정이 생명을 다루는 행위이며 수행이고 깨달음의 실천이기 때문이다. 그 과정을 기쁜 마음으로 행할 수 있는 사람은 팽주로서의 면모를 온전하게 갖춘 것이다.

5-7) 빈객에게 차를 권한다.

처음 잔에 차를 따를 때는 두세 모금 정도 마실 만큼 아주 적은 양을 따른다. 향기를 취하고 맛의 풍미를 최대한 음미하면서 차를 마시기 위해서다. 첫 잔의 향기를 취하지 못하고 맛에만 치중하면 자율신경의 균형을 잡아주는 것을 그르치게 된다.

찻잔에 차를 따른 후에도 빈객에게 차를 권하는 것은 먼저 팽주가 차 맛을 보고 그 상태를 감별한 뒤에 권해야 한다. 그것이 빈객에 대한 예의이다. 팽주가 먼저 차 맛을 보고 그 맛과 향기가 원하는 만큼 나왔으면 그때 빈객에게 차를 권한다.

5-8) 차 마시기

①**찻잔에 차를 따른다.**

찻잔에 차를 따를 때는 잔의 전체 높이 3분의 1 이상을 담지 않는다. 그래야만 잔 속에 향기를 보존할 수 있고 차의 기운을 지속시킬 수 있기 때문이다.

②**찻잔을 들고 향기를 음미한다.**

향기를 음미할 때는 천천히 코로 숨을 들이쉬면서 꼬리뼈 끝까지 향기의 느낌을 끌고 간다. 즉 비공의 후각신경을 자극한 다음 간뇌를 지나서 대뇌 후두엽을 지나고 목줄기를 따라 흉추로 내려가서 영대, 척추, 명문혈을 거쳐 미려까지 내려가는 것이다.

그 경로를 그림으로 보면 다음과 같다.

이와 같은 방법으로 차의 향기를 들이시는 것은 후각신경을 자극해서 내장으로 들어가는 원심성 신경을 자극하기 위해서다. 즉 교감신경을 자극한다는 말이다.

차의 향기로 교감신경이 자극되면 몸의 땀구멍이 열린다. 이때 몸이 갖고 있던 냉기도 함께 배출된다. 이와 같은 방법으로 향기를 들이쉬는 것을 두 번 반복한다.

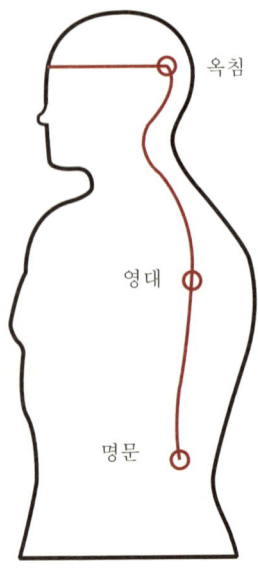

〈 향기를 들이시는 경로 〉

③ 차를 한 모금 머금은 다음 그 맛을 음미하다가 반 모금을 먼저 삼키고 잠시 뒤에 나머지 반 모금을 마저 삼킨다.

향기를 들이쉬며 몸의 긴장이 풀어졌으면 이때 차를 한 모금 입에 머금는다.
그런 다음 입속 전체를 차로 적셔주면서 맛을 음미한다.
차의 단맛이 혀에 배어들면 간과 비장이 그 맛에 반응한다.

두두둥 하는 진동이 양쪽 옆구리에서 느껴진다.
그때가 차를 반 모금 넘길 때이다. 이 과정에서 아직 몸의 감각을 관찰하는 것이 미숙한 사람은 간 비장의 진동을 느끼지 못할 수도 있다.
차를 식도로 넘길 때는 꿀꺽하고 식도가 자극되는 것을 느끼면서 해야 한다.
그래야만 미주신경이 자극받아서 차의 기운과 양분을 섭취하는 것이 원활하게 이루어진다. 미주신경은 그 경로가 식도의 앞뒤를 타고 흉부로 내려가서 하복부에 이르는 구조로 되어 있다. 차를 마실 때 식도가 자극되는 것을 느껴주는 것은 미주신경을 효율적으로 자극하기 위해서다. 마찬가지 방법으로 나머지 반 모금의 차를 마저 삼킨다.

차를 마신 뒤에는 차의 기운이 미주신경의 경로를 따라서 하단전에 이르는 것을 느껴본다.
이렇게 차를 마시면 등줄기에서 촉촉하게 땀이 배어 나온다.

5-9) 마무리하기

점다를 하는 전체 과정 중에 팽주는 항상 그 중심의 상태를 지켜가야 하고 빈객 또한 그러해야 한다. 만약 그 묘의를 아는 빈객을 만났다면 팽주로서는 더없이 행복한 시간이 되었으리라.

"성스러움이 안으로 깃들어서 고정된 틀을 이루니 그것을 일러 '점'이라 하고, 서로 연결되어 밖으로 확장되니 그것을 일러 '다'라 한다."
녹차 점다의 모든 과정이 한글 자음 명상과 더불어서 이루어진다면 약 1시간 정도의 시간이 소요된다. 그 시간 동안 팽주와 빈객, 점다에 쓰이는 모든 생명은 '점'과 '다'를 이루었는가. 고요히 중심을 관조하며 본성과 현상을 여의지 말지어다.

1. 홍배기를 달군다.
2. 홍배한다.
3. 차연에 녹차를 분쇄한다
4. 물을 끓인다.
5. 녹차를 점다한다.
6. 차신이 떠오른다.
7. 진향을 기다린다.

커피 점다

커피 점다

1) 점다 커피란 무엇인가?

점다 원리에 입각해서 끓인 커피가 점다 커피이다.

점다 방식으로 커피를 끓이면 기존의 커피와는 다르게 전혀 새로운 맛을 내는 커피가 만들어진다. 커피의 쓴맛은 전혀 느껴지지 않고 밀향과 단맛이 주를 이루는 새로운 커피가 태어나는 것이다. 처음 그 맛을 보는 사람들은 '이게 무슨 차예요?' 라고 묻는다. '커피예요.' 라고 말하면 '그래요? 꼭 보이차 같네!' 하는 사람도 있는가 하면, 아예 한 발짝 다가서서 진짜 커피인지 탕관 속을 들여다보며 확인해보는 사람도 있다.

간혹 어떤 사람들은 숭늉 맛이 난다고도 한다. 그만큼 독특한 커피가 점다 커피이다.
점다 원리로 커피를 끓이게 되면, 커피 열매가 가진 진미가 우러난다. 탄수화물이 가진 달콤한 맛과 열매의 지방이 갖는 고소한 맛, 그리고 설익은 커피의 알싸한 맛이 뒤섞여서 필설로 형용할 수 없는 미묘한 맛을 낸다.

점다 커피는 아무리 많이 마셔도 속에 부담이 없다. 그야말로 숭늉 마시듯이 마시는 커피이다. 특히 카페인을 중화시키지 못해서 잠을 못 이루는 사람들에게도 아무런 영향을 미치지 않는다. 오히려 점다 커피를 마시면 잠이 더 잘 온다고 말한다.

본래 커피에는 여러 가지 좋은 성분이 다량으로 함유되어 있지만 점다 커피는 심폐를 확장시키고 혈행을 촉진하며 슬픔과 우울증을 치료하는데 탁월한 효과가 있다.
점다 커피는 크게 두 종류로 나누어진다.
하나는 점다 드립 커피이고 또 하나는 전통 점다 커피이다.
이는 커피의 종류에 따라 다양한 메뉴가 있다.

차연에 커피를 갈면 입자의 구조가 둥글게 바뀐다.
그렇게 되면 커피 입자와 물이 어우러지는 표면적이 넓어져서 풍부한 맛을 표출해낸다.
또 차연에 분쇄되는 과정에서 기름이 짜지는데 그 결과로 커피의 거친 맛이 사라지고 고소한 맛이 더해진다.

전통 점다 방식으로 끓인 커피는 차연에 커피를 분쇄한 후 전통 점다 방식에 입각해서 끓인 커피이다.

메뉴로는 오리지널, 황금 햇살, 겨울 연가, 가문의 영광, 음양 대대, 전통의 향기, 삼위일체 등 여덟 가지가 있다.
이 중 음양 대대와 삼위일체는 블랜딩 커피이다.

일반적인 강배전의 커피는 배전하면서 배어 나오는 기름 속에 커피의 영양분이 내포되어 있다. 그래서 기름종이나 필터를 통해 그 양분을 걸러 먹는 것이다. 하지만 점다 커피는 물의 끓는 힘을 활용해서 커피 입자를 쪼개내고 그 속에 있는 양분을 뽑아내는 방법이다. 그렇기 때문에 기름기가 배어 나올 정도로 강배전을 하지 않는다.

2) 커피 생명과의 만남

몇 년 전 이천 향토빛에서 점다 강의를 하고 있을 때였다.
그때 커피와의 인연이 시작되었다.
그동안에도 가끔 커피를 마시긴 했지만, 쓴맛을 싫어해서 마지못해 설탕을 타 먹는 수준이었다. 그렇게 커피를 마시고 나면 항상 후회했다. 입에 들어갈 때는 단맛이 좋지만, 시간이 지나면 텁텁한 뒷맛이 영 개운치가 않았던 것이다.
그러다가 커피에 대한 생각이 정반대로 바뀌게 되는 인연을 만나게 되었다.
그날 따라 조금 일찍 향토빛을 찾았다.
주인 보살님과 이런 저런 얘기를 하다가 손님들에게 차를 대접하려고 점다 녹차를 끓였다.

몇 분이 앉아서 같이 차를 마셨는데, 그때 한 분이 차 맛을 보시더니 '아, 이게 무슨 녹차입니까?' 라고 묻는 것이었다.

그래서 '화계 녹차이고, 점다 방식으로 끓였습니다.'고 대답했더니 지난 20년 동안 제대로된 차 맛을 보고 싶어 여기저기 기웃거렸었는데 이제야 그 소원을 풀게 되었다고 말씀하시는 것이었다.

"언제 이런 녹차를 드셔 보셨습니까?" 하고 여쭈었더니 20대에 지리산 연곡사에서 하숙할 때 그 절에 계시던 노스님이 끓여주시던 차 맛이 이 맛과 비슷했다고 한다.

차를 석 잔 정도 마시더니, "아 몸이 더워지고 등줄기에서 땀이 흐르네요. 오늘 정말 좋은 차 잘 마셨습니다. 저도 스님께 조그마한 선물을 하나 드리고 싶습니다." 하시면서 주머니에서 봉지 하나를 꺼내 드는 것이었다. "이것이 제가 볶은 커피인데요. 혹시 커피 좋아하시면 한 봉지 드릴까 합니다만" "아, 예. 그닥 좋아하진 않지만 한 번 먹어보겠습니다."

그 당시 커피를 주신 분이 토나 커피의 김광림 선생님이다.
그렇게 받아든 커피를 핸드드립으로 내려서 맛보았더니, 이게 웬일인가.
설탕을 타지 않았는데도 커피에서 단맛이 느껴지는 것이다.
그때서야 커피를 새롭게 보기 시작했다. 커피에도 단맛이 나는구나.
며칠 뒤 종로 오피스텔에 들어앉아 오로지 커피에만 집중하기 시작했다.

우선 커피를 직접 볶아보기 시작했다. 부암동에 가서 몇 종류의 생두를 사다 놓고 수망에다 직접 로스팅을 하는 것이다. 로스팅을 해서 절구에 빻고 그것을 다시 차연에 갈아서 탕관에 끓이고 하는 것을 수없이 반복했다.

정신없이 그러고 있다 보니 초인종 소리가 들렸다.
문을 열어 보니 위층에 사시는 교수님이 내려오셨다. 어느새 아침이 된 것이다.
밤새 연구했던 작품을 교수님께 내놓으니 당신은 커피를 못 드신다 하셨다. 커피를 한 잔만 마시면 그날은 잠을 못 주무신단다. 그래도 맛만 보시라고 강권을 했더니 마지못해 한 모금 홀짝 드시는 것이었다. 그 입에서 어떤 말씀이 나오실까. 입만 쳐다보고 있으려니 "이게 커피예요?" 대뜸 반문이 나온다.

"예, 보시다시피 커피입니다."
"무슨 숭늉 같은데요? 그런대로 맛은 괜찮고."
"그래요? 잡수실만하세요?"
"예 괜찮은데요. 나중에 잠이 안 올까봐 걱정이지만."
"아마 그렇지는 않을 겁니다. 제가 카페인을 다 제거했거든요."

그 말씀을 들은 교수님이 설마 하는 표정을 지으면서 "에이, 그럴까요?" 라고 말씀하시는 것이었다.
"저녁에 주무셔보시면 되잖아요. 진짜로 잠이 안 오는지"

이튿날 내려오셔서 하시는 말씀이 잠을 잘 주무셨다는 것이다. 그러면서 또 하시는 말씀,

"아침에 마셔서 그랬나?"
"이따 저녁에 오셔서 또 드셔 보세요."
이튿날 역시 잠을 잘 잤다는 말씀.

그렇게 몇 날 며칠을 커피와 뒹굴다 보니 조금씩 커피에 대해 정리가 되기 시작했다.
그런 과정을 통해 점다 커피가 태어났다.
처음 커피를 볶기 전에 커피가 무엇일까를 생각해보았다.
커피는 열매다. 열매는 씨앗 생명을 머금고 있는 존재다.
씨앗이 싹을 틔우고 뿌리가 자리 잡을 때까지 그 양분을 제공해주는 역할을 하는 것이 바로 열매이다.
씨앗이 양분으로 삼는 것이 단백질과 탄수화물, 그리고 지방이다.
우리가 커피를 통해 취해야 할 것은 바로 그 세 가지 영양소들이다.

생각의 흐름이 거기에 도달하면서 그때부터는 씨앗의 구조를 이해하고 영양분들이 어떤 형태로 내재되어 있는지 그 이치를 알기 위해 노력하기 시작했다.
그리고 나름대로 결론을 얻었다.
커피 입자가 가진 단맛은 탄수화물에서 오는 것이다.
그렇다면 어떻게 해야 커피의 탄수화물을 최대한 표출할 수 있을까?
녹차를 점다하듯이 커피도 점다를 해보자.
물의 원신이 갖고 있는 강한 에너지로 커피 입자를 쪼개고, 지방층을 분해해서 탄수화물을 최대한 표출시켜보자. 그런 후에 맛을 보면 그 결과가 나타나리라.

결과는 성공이었다.

그 당시 처음 만든 커피가 '전통의 향기'이다.

기존의 커피와 최대한 가까운 맛을 내면서도 쓴맛과 떫은맛을 제거하고 단맛과 고소한 맛을 주로 하는 커피. 그러면서도 향기는 로브스타의 강한 향기를 낼 수 있는 커피. 그런 커피를 만든 것이다. 그 뒤로도 커피에 관한 연구는 계속되었다. 갈수록 커피에 빠져드는 시간이 길어졌다.

1. 커피 꽃
2. 익은 커피 열매
3. 예가체프 열매
4. 커피 열매 수확
5. 익어 가는 커피 열매
6. 커피 생두

3) 전통 점다 커피 로스팅

점다를 하기 위한 커피의 로스팅은 약배전과 중배전이 주를 이룬다.
강배전의 커피는 점다용으로는 쓰지 않는다.
강배전의 커피는 드립용으로 활용한다.
약배전을 할 때 가장 어려운 것이 1차 팝핑이 일어나는 시점에서 커피의 색깔을 만들어내는 것이다. 필요한 용도에 맞게 색깔을 만들어내야 하기 때문이다.

약배전으로 쓰이는 커피가 겨울연가인데 이 커피는 맛과 향기는 기본으로 갖추어야 함은 물론이고 색깔을 베이지색 톤으로 유지해야 한다. 하지만 1차 팝핑에서 그 색깔을 유지하면서 단맛과 밀향을 뽑아내기는 쉽지 않다. 자칫하면 설익은 생두의 매운맛이 섞이게 된다.

로스팅을 하는 가장 기본적인 목적은 생두를 먹을 수 있을 만큼 익히면서 원두의 영양분을 최대한 표출시키는 데 있다. 헌데 색깔을 내는데 관점을 두다 보면 그 익힘이 잘 이루어지지 않는다.

로스팅에 대한 연구자료들을 보면 로스팅의 정도에 따라 커피에서 서로 다른 성분이 표출된다고 한다. 커피가 어느 정도 익었는지를 볼 수 있는 척도가 바로 팝핑의 상태이다.
불의 세기나 종류에 따라 약간씩은 다를 수 있지만, 1차 팝핑이 일어난 때가 커피원두가 익은 때이다. 그래서 로스팅을 할 때에는 이유 여하를 막론하고 1차 팝핑을 일으키는 것을 목표로 해야 한다. 그런 다음에 색깔을 조절하는데 신경을 쓰는 것이다.

1차 팝핑 후에 커피원두의 색깔이 베이지색을 유지하는 것은 아주 짧은 시간이다. 그래서 로스팅의 상태를 눈으로 보면서 하지 않고는 그 기준을 맞출 수가 없다. 기계로 대량 로스팅을 할 경우에도 그 정도를 조절하기가 대단히 어렵다. 기계가 안고 있는 잔열이 원하는 시점에서 차단되지 않기 때문이다. 점다용 커피 로스팅은 철저하게 수망 로스팅을 고집한다. 그래야만 눈으로 색깔을 보면서 팝핑이 일어나는 정도를 가늠할 수 있다.

중배전은 그래도 여유가 있다. 1차 팝핑이 일어난 후 커피의 색깔이 밤색으로 변하는 것을 보면서 로스팅을 할 수 있기 때문이다. 중배전은 2차팝핑이 일어난 직후에 배전을 멈추어야 한다. 점다 커피는 메뉴에 따라 로스팅의 정도가 각각 다르다. 로스팅에 대한 상세한 내용을 메뉴별로 설명해 보겠다.

① **겨울 연가 로스팅**

앞서 잠깐 언급했듯이 겨울연가는 약배전의 로스팅으로 만들어내는 커피이다. 그러면서 베이지색 톤을 유지해야 한다. 점다 커피의 로스팅은 직화를 사용하지 않는다. 특히 가스 불은 피한다. 점다 녹차의 경우처럼 점다 커피를 로스팅 하는 불도 전열판 화로를 사용한다. 그래야만 생두에 너무 강한 열을 주지 않을 수 있다.

전열판 화로를 준비하고 화로의 불판보다 작거나 딱 맞는 표면적을 가진 수망을 준비한다. 그런 다음 양질의 생두를 수망의 바닥에 잔잔하게 깔릴 정도로 덜어내서 로스팅을 시작한다. 화로에 불을 피우고 잠시 기다린다. 전열판이 달구어지기를 기다리는 것이다. 수망을 화로의 불판에 최대한 가까이 댄다. 그 상태를 잠깐 (약 1초에서 2초 사이) 유지하다가 수망을 흔들어서 생두를 뒤집어준다. 이 과정을 계속해서 반복한다. 그러면서 생두의 색깔이 변해가는 것을 관찰한다.

녹색의 생두가 점차 베이지색으로 바뀌는 것을 관찰하면서 생두의 크기가 부풀어나면 그때 불판에서 수망을 약간 띄운다. 그러다 보면 탁탁 타다닥 하면서 팝핑이 일어난다. 그것이 바로 초벌 팝핑이다. 이때 잠깐의 여유를 두었다가 불판에서 수망을 거둔다. 만약 이 시점에서 잠시만 늦게 수망을 거둬들여도 원두의 색깔이 밤색으로 변해버린다.

이렇게 되면 겨울 연가용으로는 그 원두를 쓰지 못한다. 일단 밤색으로 변해버린 원두는 정도에 따라 황금 햇살이나 '가문의 영광'용으로 써야 한다.

〈 겨울 연가 로스팅 - 약배전 〉

겨울연가용 로스팅이 제대로 이루어지려면 최대한 빨리 1차 팝핑이 일어나도록 해야 한다.
그러려면 수망을 최대한 불판 가까이에 대서 생두로 하여금 강한 열을 받도록 해야 한다.
간혹 불판 가까이에 수망을 대는 것을 두려워하는 사람들을 보게 된다. 원두가 타버릴까 봐 두렵기 때문이다.

그런 사람은 수망을 불판에서 멀찍이 떨어트려서 로스팅을 한다. 그렇게 되면 생두가 잘 익지도 않을뿐더러 설령 익었다고 해도 너무 늦게 익어서 영양소가 산화되어 버린다.

그런 원두는 맛도 제맛을 내지 못한다. 그런 상태에서는 생두가 익기도 전에 색깔이 먼저 밤색을 띠게 된다.

점다 커피의 로스팅 중에 겨울 연가의 로스팅이 가장 어렵다. 특히 지방성분이 적고 메마른 생두일수록 겨울 연가를 만들기가 어렵다.

겨울 연가를 로스팅 할 수 있으면 나머지 메뉴를 로스팅하는 것은 어렵지 않다.

② 황금 햇살 로스팅

황금 햇살은 약배전에서 중배전으로 넘어가는 시점에서 로스팅을 멈춘다. 겨울 연가에서 약간 더 로스팅이 진행된 상태이다.

황금 햇살 또한 1차 팝핑에서 로스팅을 멈춘다. 다만 색깔은 연한 밤색의 상태이다.

겨울 연가는 1차 팝핑의 초입에서 로스팅을 멈추고 황금 햇살은 1차 팝핑의 중입에서 로스팅을 멈춘다.

〈 황금 햇살 로스팅 - 약중배전 〉

③ 가문의 영광 로스팅

가문의 영광은 중배전의 로스팅을 사용한다. 2차 팝핑의 초입에서 로스팅을 멈출 때 중배전이 이루어진다. 색깔은 진한 밤색을 띤 상태이고 원두의 표면에는 아직 기름기가 배어 나오지 않은 상태이다.

〈 가문의 영광 로스팅 - 중배전 〉

④ 전통의 향기 로스팅

가문의 영광보다 약간 더 로스팅을 해준다. 2차 팝핑의 중입 정도에서 로스팅을 멈춘다.
같은 중배전이지만 전통의 향기는 원두에 약간씩 기름기가 비치는 상태까지 로스팅을 해준다.

〈 전통의 향기 로스팅 - 강중배전 〉

⑤ **오리지널 로스팅**

황금 햇살이나 가문의 영광 정도의 로스팅이면 어느 경우라도 오리지널 메뉴를 만들 수 있다.

⑥ **음양 대대 로스팅**

서로 다른 두 종류의 생두를 서로 다른 배전으로 로스팅한다.
겨울 연가 로스팅과 가문의 영광 로스팅, 아니면 겨울 연가와 전통의 향기 로스팅을 해서 차연에 분쇄한 후 탕관에 넣으면서 블랜딩 한다.

〈 음양대대 〉

⑦ 삼위일체 로스팅

서로 다른 세 종류의 생두를 서로 차이가 나는 배전으로 로스팅을 한다. 겨울 연가, 황금 햇살, 전통의 향기 정도로 로스팅을 해서 차연에 분쇄한 후 탕관에 넣으면서 블랜딩 한다.

〈 삼위일체 〉

⑧ 가문의 영광 골드 로스팅

가문의 영광과 같다.

4) 원두 분쇄하기

목적에 맞게 로스팅이 이루어졌으면 원두를 분쇄한다. 점다를 하기 위한 원두의 분쇄는 크게 두 단계로 이루어진다.

첫 단계는 초벌 분쇄이고 둘 째 단계는 두벌 분쇄이다.
초벌분쇄는 절구나 그라인더를 활용한다. 절구를 사용할 때는 원두를 잘게 부순다는 생각으로 질근질근 누르듯 분쇄하고 그라인더를 쓸 때에는 입자를 최대한 굵게 분쇄한다.

〈 초벌분쇄 〉

두벌 분쇄는 차 맷돌이나 차연에서 이루어진다.
초벌 분쇄한 원두를 차연에 넣고 둥굴레를 사용해서 살근살근 밀어준다.
미는 방식은 녹차의 경우와 같다.

이와 같은 방법으로 커피를 분쇄하는 것은 커피 입자가 가진 탄수화물을 최대한 표출시키기 위해서이다.

탄수화물은 지방층에 쌓여 있다.
그래서 지방층을 제거해주지 않으면 탄수화물이 표출되지 않는다. 드립 커피는 생두를 강배전함으로서 기름기가 배어 나오도록 하고 그때 지방층에 쌓여 있던 탄수화물을 함께 끌고 나오도록 한다.
그런 상태에서 입자를 분쇄한 다음 물을 부어서 걸러내면 기름층과 탄수화물이 함께 걸러져서 드립 커피 고유의 맛을 내게 된다.

하지만 점다 커피는 배전을 약하게 하기 때문에 로스팅의 과정에서 기름기가 탄수화물을 끌고 나오지 못한다. 비록 열매는 익었지만, 지방과 탄수화물은 아직도 열매의 내부에 남아 있는 것이다. 그런 상태의 원두를 분쇄해서 지방층에 쌓여 있는 탄수화물을 표출해내려면 원신이 표출된 강력한 물을 얻어야 하고 입자를 잘게 부수어서 물의 입자로 하여금 커피 입자를 끊어내도록 해야 한다. 만약 이와 같은 조건이 충족되었다면 단맛이 진하게 배어 나온 점다 커피를 맛볼 수 있을 것이다.

차연에서 커피를 갈게 되면 초벌 분쇄 때 모난 부분을 갖고 있던 커피 입자

〈 두벌 분쇄 〉

들이 둥글둥글한 형태를 띠게 된다. 그렇게 되면 물과 맞닿은 표면적이 넓어져서 최대한 많은 양의 탄수화물을 표출할 수가 있다.

두벌 분쇄를 하면서는 반드시 유의해야 할 점이 있다. 그것이 바로 분쇄하는 커피의 입자를 크기별로 조절하는 일이다.
원두의 입자는 분쇄된 형태와 크기에 따라서 뱉어내는 맛이 서로 다르다. 고운 입자는 단맛을 뱉어내고 중간 입자는 신맛을 뱉어내며 굵은 입자는 약간 거칠면서 고소한 맛을 뱉어낸다. 따라서 어떤 굵기의 입자를 주로 하느냐에 따라 커피맛의 성격이 전혀 달라진다.

드립 커피는 점다 커피와 달리 입자 상태가 같아도 서로 다른 맛을 낼 수도 있다. 예를 들면 고운 입자라도 단맛을 내지 않고 쓴맛을 낼 수도 있다는 말이다.

풍부한 맛을 내면서도 잡스럽지 않고, 단맛을 내면서도 단조롭지 않으며 맛과 맛이 서로 조화롭게 어울릴 수 있는 커피를 우려내는 것이 바로 커피 점다를 하는 목적이다.

그렇게 되려면 물 생명과 불 생명, 용기 생명과 커피 생명이 그야말로 완벽한 조화를 창출해낼 수 있어야 한다. 그런 맛을 내기 위한 첫걸음이 바로 분쇄하는 입자의 크기를 조절하는 것이다. 입자를 분쇄하는 것이 제대로 이루어지지 않으면 절대로 융화된 맛을 내지 못한다. 점다 커피의 메뉴에 따라 입자의 분쇄도를 서로 달리해준다.

겨울 연가는 고운 입자 80%, 중간입자 18%, 굵은 입자 2%이다.
굵은 입자는 의도적으로 만들지 않는다. 간혹 중간 입자 중에서 큰 입자들이 섞여 있으면서 자연스럽게 비율이 맞춰진다.
황금 햇살은 고운 입자 80%, 중간 입자 20%이다.
가문의 영광은 고운 입자 60%, 중간 입자 20%, 굵은 입자 20%이다.
오리지널은 고운 입자 95%, 중간 입자 5%이다.
전통의 향기는 아주 고운 입자 60%, 중간 입자 30%, 굵은 입자 10%이다.
음양 대대는 고운 입자 60%, 중간 입자 20%, 굵은 입자 20%이다.
삼위일체도 그 비율이 음양 대대와 같다.

두벌 분쇄를 수없이 반복해보고 감각적으로 그 비율을 익힌 사람은 그냥 눈대중으로 차연을 밀어도 입자의 비율이 거의 맞아진다. 하지만 숙련된 감각을 갖지 못한 사람은 그 비율을 맞추기가 상당히 어렵다.

겨울 연가는 굵은 입자의 비율이 지나치게 많아지면 뒷맛에 매운맛이 받치고, 목 넘김 이후에 칼칼한 느낌이 생겨난다. 따라서 굵은 입자의 비율을 되도록 줄이려고 노력해야 한다.

황금 햇살이나 오리지널의 경우 고운 입자의 비율이 부족하면 단맛의 표출이 잘 이루어지지 않는다. 전통의 향기는 고운 입자의 비율이 너무 높으면 지나치게 기름기가 많아져서 풍미를 해칠 수 있다.

가문의 영광이나 음양 대대, 삼위일체 등은 중간 입자나 굵은 입자를 너무 적게 잡아주면 풍부한 맛을 잃어버릴 수 있다.
점다 드립커피의 경우에는 고운 입자 비율이 너무 높아지면 물이 걸러지는 속도가 더뎌지면서 쓴맛이 강해진다. 분쇄하면서는 이런 점을 유의해야 한다.

5) 물 끓이기

녹차 점다의 경우처럼 커피 점다의 경우에도 순숙의 물을 얻어야 한다.
점다 드립 커피도 마찬가지다.

6) 물 생명과 커피 생명의 만남

물 생명과 커피 생명이 만나는 것 또한 역2비에서 역1비 사이에 이루어진다.
하지만 메뉴별로 약간의 차이가 있다.
분쇄한 입자의 크기가 서로 다르고 로스팅의 정도가 서로 다르기 때문이다.
커피 점다에 있어서 가장 중요한 순간이 바로 이 때이다.

① 겨울 연가 점다

겨울 연가는 역2비의 기세가 약간 살아있을 때 점다한다. 즉 물기둥의 힘이 빠져서 흔들림이 일어나기 직전에 점다를 한다는 말이다.
겨울 연가는 약배전의 원두를 쓰기 때문에 생두의 매운맛이 남아 있다. 그래서 물의 기세가 살아있을 때 점다를 해서 그 매운맛을 날려보내는 것이다. 탕관에 커피를 넣을 때에는 조금씩 나누어서 살살 넣어야 한다. 그렇지 않고 한꺼번에 쏟아넣으면 탕관의 물이 폭발하듯이 넘칠 수 있다.

물의 솟아오르는 힘이 남아 있을 때 커피가루가 탕관에 들어가면 자자자작 하면서 물과 커피가 부딪힘을 일으킨다. 커피를 점다했을 때 그런 징후가 일어나면 제대로 된 것이다. 물 끓음이 역1비로 내려서면서 차신이 표출된다. 커피의 차신은 주성분이 지방과 탄수화물이다. 지방이 커피 입자에서 분리되면서 탄수화물을 끌고 나오는 것이다. 커피의 차신이 떠오르는 모습 또한 장관이다. 물과 불, 커피 입자가 만들어내는 한 편의 드라마가 거기서 펼쳐진다.

커피의 차신은 고소하면서도 알싸한 뒷맛을 낸다. 차신이 표출되고 물 끓음이 멈추었으면 화로에서 탕관을 내린다. 하지만 이 또한 정확하게 때를 지켜야 한다.
떠올랐던 커피의 차신이 뚝 뚝 떨어져서 분리될 때 그때가 바로 탕관을 내릴 때이다.

이 시점이 너무 빨라도 안되고 너무 늦어도 안된다. 정확하게 그때를 지켜야 맛과 향취가 살아 있다. 탕관을 내린 다음에도 커피 입자와 물이 완전하게 융화될 수 있는 시간이 더 필요하다. 그때까지 기다려야 한다. 포자를 탕관에 얹어 놓고 약 1분 간격으로 향기를 맡으면서 탕관 안에서 일어나는 조짐을 관찰한다. 달콤한 단내가 포자에서 올라오면 그때가 바로 커피를 잔에 따를 때이다. 녹차 점다처럼 커피 점다도 점다의 모든 과정에서 중심과 기공, 그리고 여섯 가지 의식을 포괄적으로 활용해야 한다. 한순간 한순간 물과 불, 용기와 커피 생명이 만들어내는 변화를 놓치지 않고 관찰하면서 최선의 융화점을 찾아내야 하기 때문이다.

녹차와 커피는 잎 생명과 열매 생명으로서 다른 점이 있지만, 점다를 하는 시점이나 과정은 거의 비슷하다.

〈 겨울 연가 〉

② 황금 햇살 점다

황금 햇살은 겨울 연가보다 약간 늦게 점다한다. 역2비의 물기둥이 힘을 잃어버리고 역1비에 다다랐을 때 점다한다. 이후 과정은 동일하다.

〈 황금 햇살 〉

③ 가문의 영광 점다

겨울 연가와 동일하다.

〈 가문의 영광 〉

④ 전통의 향기 점다

황금 햇살과 동일하다.

〈 전통의 향기 〉

⑤ 오리지널 점다

황금 햇살과 동일하다.

⑥ 음양 대대, 삼위 일체 점다

겨울 연가와 동일하다.

⑦ 가문의 영광 골드 점다

겨울 연가와 동일하다.

〈 가문의 영광 골드 〉

7) 커피 마시기

커피를 잔에 따를 때에도 세 모금 이상을 담지 않는 것이 좋다.
커피를 마실 때에도 향기를 먼저 들이쉬고, 그다음에 맛을 본다.
그렇게 하는 원리는 녹차와 동일하다.
커피는 녹차보다 향기가 강하다. 그래서 교감신경을 자극하고 심폐를 확장시키는 효과가 녹차보다 뛰어나다.

8) 점다 드립 커피

점다 방식으로 갈아서 드립 방식으로 내려먹는 커피가 점다 드립 커피이다.
점다 드립 커피의 로스팅은 강배전으로 한다. 약간 기름이 촉촉하게 배어 나올 정도로 배전하는 것이다. 드립 커피는 입자의 표면에서 표출된 기름기와 탄수화물을 뜨거운 물로 훑어 먹는 방법이기 때문에 배전을 이와 같이 하는 것이다. 만약 배전이 약해서 중배전에 머물면 강한 신맛을 내는 커피가 만들어진다. 커피를 분쇄하는 비율은 고운 입자 40, 중간 입자 30, 굵은 입자 30이다.

점다 드립 커피를 하기 위한 물 끓이기 또한 점다 방식으로 해야 한다. 그래야만 물의 에너지를 최대한 취할 수가 있다. 드립 방식이라고 해서 커피포

트나 주전자에 물을 끓이면 커피 입자를 녹여내는 힘이 약해서 제맛을 표출해내지 못한다. 4비에 물을 끈 다음 탕관을 내리고 물 끓음이 가라앉기를 기다린다. 물 끓음이 완전히 가라앉으면 드리퍼에 물을 따른다. 이후 진행하는 방법은 기존 핸드드립 커피와 동일하다.

1. 수망에 커피를 담는다.
2. 커피를 볶는다.
3. 볶은 커피를 식힌다.
4. 절구에 빻는다.
5. 차연에 분쇄한다.
6. 물을 끓인다.
7. 탕관에 커피를 넣는다.
8. 커피의 차신이 떠오른다.
9. 진향을 기다린다.

보이차 전다

보이차 전다

1) 전다란 무엇인가

전다란 점다를 하는 또 다른 방법이다. 점다는 물을 4비까지 끓인 후에 물 끓음이 가라앉는 시점에서 차를 넣는 방법이고 전다는 물 끓음이 일어나는 시점에서 차를 넣은 후 4비까지 끓여서 가라앉힌 후 차를 마시는 방법이다. 전다는 순1비와 순2비 사이에 차를 넣고 점다는 역2비와 역1비 사이에 차를 넣는다.

2) 보이차 생명

보이차는 대엽종의 차이다. 그래서 녹차보다는 차엽이 크고 강하다. 보이차는 후발효차이다.
차를 만든 뒤에 지속해서 발효가 일어나는 차라는 말이다.

보이차는 생차가 있고 숙차가 있다.
생차는 찻잎이 건창에서 자연 발효되는 차이고, 숙차는 습창에서 인위적으로 발효시키는 차이다. 생차는 적당한 발효시간을 거치지 않으면 차의 냉성이 제거되지 않고 강한 떫은맛을 내게 된다. 그에 반해 숙차는 인위적인 발효를 통해 어느 정도 냉성은 다스려졌지만, 발효과정에서 생겨난 숙향이 진하게 배어 있다.

〈 보이차 생차 전다 〉　　　　　〈 보이차 숙차 전다 〉

보이차를 전다법으로 끓이는 것은 생차는 차의 냉성과 떫은맛을 제거하기 위해서이고 숙차는 숙향을 제거하고 줄기 속에 있는 냉기를 마저 제거하기 위해서다.
생차를 전다하면 맑은 단맛이 배어나고 숙차를 전다하면 향기로운 단맛이 표출된다.

보이차는 연고차이며 성형차이다. 그래서 성형의 상태에 따라 서로 다른 이름으로 불린다.
병차, 전차, 타차, 산차, 등이 그것이다.
보이차는 체지방을 분해해주는 효과가 뛰어나며, 특히 체증을 뚫어주고 면역력을 증진하는데 있어 탁월한 효과가 있다.

3) 홍배하기

생차와 숙차는 홍배하는 방법이 약간 다르다.
생차는 녹차와 같은 방법으로 홍배한다. 탁한 가스가 올라오다가 향긋한 꽃향기로 바뀌면 그때 홍배를 멈춘다.
숙차는 차에 배어있는 숙향을 제거하고 습기를 날려버리기 위해서 홍배를 한다. 때문에 생차 보다는 홍배하는 시간이 더 길다.
홍배기의 온도도 생차보다는 낮은 온도로 조절해주고, 오랜 시간 동안 차를 천천히 굴리면서 홍배를 한다. 숙향이 날아가고 꽃향기가 올라오면 홍배를 멈춘다.

〈 홍베하는 과정 〉

4) 분쇄하기

홍배가 끝난 차를 차연에 넣고 분쇄를 한다. 산차같은 경우는 차 줄기가 많지 않기 때문에 분쇄가 잘 되지만 병차나 전차같은 경우는 차 줄기를 넣어 발효시키기 때문에 분쇄가 잘 안 된다. 분쇄하는 요령은 녹차와 같다. 그러나 차 줄기가 많은 보이차는 줄기가 잎처럼 미세하게 분쇄되지 않았어도 전다에 활용한다.

〈보이차 분쇄〉

5) 전다하기

처음 물 끓음이 시작되고 새우눈, 게눈, 물고기눈까지 물 끓음이 올라가는 것은 녹차의 경우와 같다. 하지만 물고기 눈이 올라오는 그 시점, 즉 순1비에서는 물 끓음이 일으키는 변화를 살피는 것에 모든 감각을 동원한다.

전다는 순1비와 순2비 사이에서 차를 넣는 것이다. 그래서 물고기 눈이 올라오고 나서 물기둥이 일어서는 그 짧은 시간에 전다가 이루어져야 한다. 큰 물방울이 부글 하며 올라온 다음 물기둥이 일어서기 전까지는 약 2~3초 정도의 시간이 소요된다. 그 시간 안에 전다가 이루어져야 한다.

전다를 하기 전에 필요한 과정이 있다. 바로 차의 양을 정하는 것이다.
생차나 숙차는 각각 전다하는 차의 양이 다르다. 차의 양은 물의 양에 비례한다.
생차는 물 2리터당 약 2g에서 3g을 넣고 숙차는 물 2리터당 약 7g을 넣는다. 생차는 녹차와 거의 비슷한 양이 들어간다. 제때 전다가 이루어지면 차가 물에 들어간 직후에 차신이 떠오른다.

바바바바 하면서 떠오르는 차신을 보면 그 자체가 감동이다. 물 끓음이 순2비로 올라서고 나서도 차신은 계속해서 떠오른다. 하지만 순3비로 올라서면 차신이 뚝 끊겨버린다. 이것이 묘한 현상이다. 똑같이 끓는 물인데 왜 3비에서는 차신이 떠오르지 않는 걸까. 아니 오히려 물 끓음이 강해졌으니 차신이 더 많이 떠올라야 하지 않는가? 이런 생각을 할 수도 있겠지만, 정작 현상은 그렇지가 않다. 이때 끊긴 차신이 다시 떠오르는 것이 역2비 때이다. 즉, 순3비와 순4비, 역3비에서는 차신이 떠오르지 않는 것이다.

왜 그럴까? 물의 힘이 너무 셀 때는 차를 튕겨내기 때문이다. 그 상황에서는 차 또한 물에 강하게 저항한다. 물과 차가 조화를 이루지 못하고 부딪힘을 일으키는 것이다.

점다와 전다는 처음 물 끓임을 준비할 때 부터 다른 점이 있다.
탕관에 물을 붓는 양이 다른 것이다.
점다는 탕관 전체 높이의 3분의 2에서 5분의 4 사이로 물의 양을 잡고, 전다는 탕관 전체 높이의 3분의 2 이하로 물의 양을 잡는다.

차를 먼저 넣고 물 끓음을 진행해보면 맹물을 끓일 때보다 훨씬 더 많은 기포가 생겨난다.
그래서 탕관에 물이 3분의 2 이상 담겨 있으면 4비까지 끓지도 못하고 중간에서 그냥 넘쳐버린다. 그런 차는 맛과 향기를 잃어버렸기 때문에 음용해도 그 효과가 나타나지 않는다.

전다를 할 때는 같은 양의 물에 비해 좀 더 큰 탕관을 준비하든지 아니면 물의 양을 적게 잡아주어야 한다. 전다를 하면서도 물 끓음의 상태를 정확하게 판단하는 것이 중요하다.

특히 4비를 볼 줄 아는 안목을 갖추는 것이 중요하고 4비의 적정한 시간에 불을 끄는 타이밍을 아는 것이 중요하다. 차를 먼저 넣고 물을 끓이다 보면 물 끓음의 형태가 불규칙하고 정도 이상으로 드세어진다. 때문에 4비의 상태를 가늠하기가 쉽지 않다. 숙련된 사람에게 지도를 받고 족히 수백 번은 더 그 과정을 반복해봐야 그 묘의를 체득할 수 있다.

4비에서 불을 끄는 타이밍을 아는 것도 마찬가지이다. 물이 극점까지 끓어오른 뒤에 물의 출렁임이 일순간 잦아지고 기포가 줄어드는 그 찰나에 불을 꺼야 한다. 하지만 경험이 부족한 사람은 그 과정을 눈으로 뻔히 보면서도 불을 끄는 타이밍을 놓쳐버린다.

불을 너무 일찍 끄면 차 맛이 탁하고 불을 너무 늦게 끄면 향기를 잃어버린다. 4비에서 불을 끄고 역3비를 거쳐 역2비로 내려오면 그때부터 다시 차신이 떠오른다. 자자자작 하면서 미세한 기포가 물 위로 떠오르는 것이다. 그 과정이 역1비를 거쳐 게눈, 새우눈의 상태까지 이어진다. 분분하게 물 위로 떠올라 오던 차 가루들이 움직임을 멈추고 차신이 수면의 중심부로 이동하면서 뚝 뚝 끊어질 때 그때가 바로 화로에서 탕관을 내릴 때이다.

탕관을 내린 후부터 진향을 기다리는 시간을 갖는 것이나 잔에 차를 따르는 법식, 차를 마시는 방법 등은 녹차와 같다.
하지만 자음 발성을 할 경우 녹차는 니은 발성을 하고, 보이차는 비읍 발성을 한다.

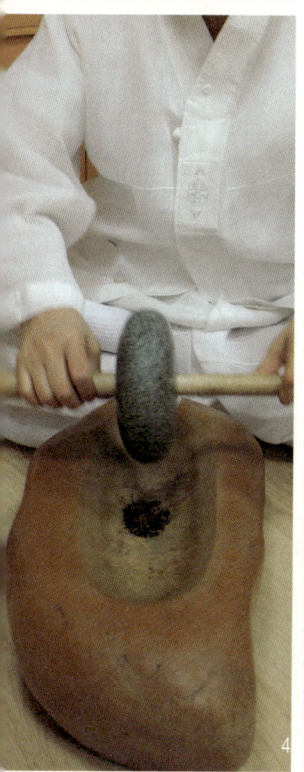

1. 다하에 보이차를 담는다
2. 홍배기를 달군다
3. 홍배한다.
4. 차연에 분쇄한다.
5. 물을 끓인다.
6. 보이차를 전다한다.
7. 차신이 떠오른다.
8. 진향을 기다린다.

고정차 전다

고정차 전다

고정차의 산지는 중국 해남도이다.
일반 대엽종의 차나무가 기후와 풍토의 영향을 받아 독특하게 변이를 일으킨 차가 고정차이다.

그 맛이 쓰면서도 달다.
담즙분비를 촉진해주고 묵은 체증을 뚫어주며 힘줄을 강화시켜주는 약성이 탁월하다.

해남도에서는 딸이 태어나면 고정차를 만든다고 한다.
찻잎을 절구에 찧어서 종이처럼 얇게 말린 다음 처마 밑에 걸어두었다가 그 딸이 시집갈 때 같이 보낸다는 것이다.

우리나라에 들어온 고정차는 일엽차라고 하여 한 잎씩 또르르 말린 형태를 하고 있다.

〈 고정차 〉

고정차를 전다하는 방법은 보이차와 같다.
다만 같은 물의 양에 대해 차를 넣는 양이 다를 뿐이다.
고정차는 물 2리터에 말린 차엽 0.5g을 넣는다.
고정차를 마시면서는 미음 발성을 하는 것이 좋다.

꽃 차를 제외한 모든 차(잎 차, 열매 차, 줄기 차, 뿌리 차)는 점다와 전다 중 어느 한 가지 방법으로 차를 끓인다.
언젠가 한의사 한 분이 한약재를 들고 와서 점다를 해달라고 부탁한 적이 있었다. 그때의 한약이 계지탕 이었다. 그래서 점다를 한 다음 중탕기에서 추출한 계지탕과 그 맛을 비교해주었다. 그것을 먹어본 한의사가 깜짝 놀라며 "계지탕도 이렇게 맛있을 수가 있군요." 라고 말했다.

그렇다. 본래 점다와 전다의 법은 약을 다루는 데 쓰이던 법이다.
그것을 다법에 적용한 것이다.

아니 엄밀히 말하면 옛날 사람에게는 차 자체가 약이었다.
그래서 차를 끓이는 법 자체를 약 끓이는 방법으로 한 것이다.
우리 곁에는 자연이 내려준 수많은 약재가 있다.
그 모든 것이 약이면서 또한 차이다.
즉 점다와 전다의 재료가 될 수 있다는 말이다.
언젠가는 그 모든 약재를 점다와 전다법으로 끓여볼 작정이다.

점다와 함께 하는
한글 원리 명상

점다와 함께 하는 한글 원리 명상

한글 원리 명상이란 한글의 발성법을 활용해서 명상을 하는 방법이다. 한글 발성법에는 자음 발성, 모음 발성, 문자 발성이 있다.

처음 한글 발성을 배우는 사람은 자음 발성을 먼저 배운다. 점다와 함께 하는 발성법도 자음 발성법의 일부이다.

자음 발성은 점다를 음용하는 중간에 이루어질 수도 있고 차를 마시기 전이나 후에 따로 이루어질 수도 있다.

1. 찻잔에 차를 따른다.

찻잔에 차를 따를 때는 잔의 전체 높이 3분의 1 이상을 담지 않는다. 그래야만 잔 속에 향기를 보존할 수 있고 차의 기운을 지속시킬 수 있기 때문이다.

2. 찻잔을 들고 향기를 음미한다.

향기를 음미할 때는 천천히 코로 숨을 들이쉬면서 꼬리뼈 끝까지 향기의 느낌을 끌고 간다. 즉, 비공의 후각신경을 자극한 다음 간뇌를 지나서 대뇌 후두엽을 지나고 목줄기를 따라 흉추로 내려가서 영대, 척추, 명문혈을 거쳐 미려까지 내려가는 것이다.

그 경로를 그림으로 보면 다음과 같다.

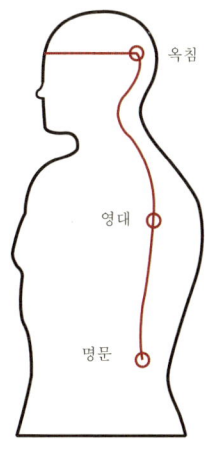

〈 향기를 들이쉬는 경로 〉

이와 같은 방법으로 차의 향기를 들이쉬는 것은 후각신경을 자극해서 내장으로 들어가는 원심성 신경을 자극하기 위해서다. 즉 교감신경을 자극한다는 말이다.

차의 향기로 교감신경이 자극되면 몸의 땀구멍이 열린다. 이때 몸이 갖고 있던 냉기도 함께 배출된다. 이와 같은 방법으로 향기를 들이쉬는 것을 두 번 반복한다.

3. 차를 한 모금 입에 머금은 다음 그 맛을 음미하다가 반 모금을 먼저 삼키고 잠시 뒤에 나머지 반 모금을 마저 삼킨다.

향기를 들이쉬며 몸의 긴장이 풀어졌으면 이때 차를 한 모금 입에 머금는다.
그런 다음 입속 전체를 차로 적셔주면서 맛을 음미한다. 차의 단맛이 혀에 배어들면 간과 비장이 그 맛에 반응한다.
'두두둥' 하는 진동이 양쪽 옆구리에서 느껴진다.
그때가 차를 반 모금 넘길 때이다. 이 과정에서 아직 몸의 감각을 관찰하는 것이 미숙한 사람은 간 비장의 진동을 느끼지 못할 수도 있다.
차를 식도로 넘길 때는 '꿀꺽' 하고 식도가 자극되는 것을 느끼면서 해야 한다.
그래야만 미주신경이 자극받아서 차의 기운과 양분을 섭취하는 것이 원활하게 이루어진다. 미주신경은 그 경로가 식도의 앞뒤를 타고 흉부로 내려가서 하복부에 이르는 구조로 되어 있다. 차를 마실 때 식도가 자극되는 것을 느껴주는 것은 미주신경을 효율적으로 자극하기 위해서다. 마찬가지 방법으로 나머지 반 모금의 차를 마저 삼킨다.
차를 마신 뒤에는 차의 기운이 미주신경의 경로를 따라서 하단전에 이르는 것을 느껴본다.
이렇게 차를 마시면 등줄기에서 촉촉하게 땀이 배어 나온다.

4. 자음 발성을 해준다.

위와 같은 방법으로 차를 마신 후 커피라면 기역 발성을 해주고 녹차라면 니은 발성을 해주며 보이차는 비읍 발성, 고정차는 미음 발성을 해준다.
그 밖의 서로 다른 차의 종류에 따라 다른 발성법이 쓰이기도 한다.
네 가지 차를 마시면서 네 가지 발성법을 배우고 나면 그때 깨닫게 되는 것이 있다. 바로 니은 발성은 향기의 경로를 따라가고 기역 발성은 맛의 경로를 따라간다는 사실이다.
자음 발성 중 니은 발성의 경로는 교감신경을 자극하는 경로이고 기역 발성의 경로는 미주 신경을 자극하는 경로이다. 즉, 냄새는 니은이고 맛은 기역이다.

5. 찻잔이 비워질 때까지 위의 과정을 반복한다.

차 한 잔으로 할 수 있는 적당한 발성의 횟수는 세 번이다.
즉, 한 잔의 차를 세 모금으로 나눠 마시면서 세 번의 발성을 하는 것이다.
네 가지 발성을 모두 배우게 되면 어떤 차를 마시더라도 향기를 마신 다음에는 니은 발성을 해주고 차를 삼킨 다음에는 기역 발성을 해준다.

기역 발성

숨을 들이쉰 상태에서 혀를 아랫니 위쪽에 살포시 닿도록 하고, 숨을 길게 내쉬면서 '기---역'하고 발음한다.

1. 이때 '기---'하는 혀끝의 떨림으로 아랫니를 자극하고 그 진동이 아래턱뼈 전체를 울려서 후두부까지 울리게 한다.

2. 후두부의 진동을 잠시 음미하다가 그 진동을 간뇌로 끌고 가서 간뇌가 두 번 정도 울리게 한다.

3. 간뇌의 울림이 중뇌, 교뇌, 연수를 거쳐서 미주신경을 빠져나와 넥타이 라인을 타고 가슴 중심을 거쳐 아랫배로 내려와서 하단전을 울리게 한다.

4. 그런 다음 목젖 앞쪽에 혀뿌리를 입천장에 붙이면서 '역!'하고 짧게 발음하면서 내쉬던 숨을 끊어 준다.

점다 커피와 기역 발성

심폐를 확장시키고 간뇌를 각성시키며, 삼차신경과 미주신경을 순화한다. 턱의 불균형을 교정하고, 슬픔과 우울증 등을 치료한다.

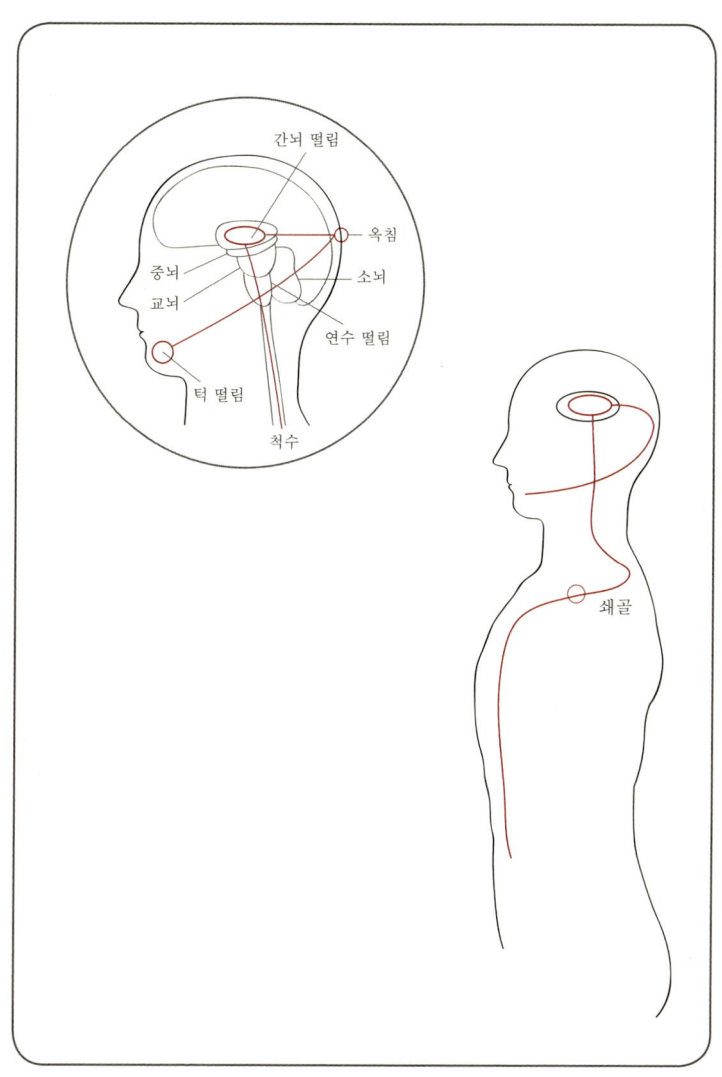

〈 기역 발성 〉

니은 발성

혀의 앞쪽을 울려서 미심을 자극하는 방법이다.

1. 혀끝을 입천장에 붙인다. (이때 의지는 미심에 둔다.)

2. 숨을 내쉬면서 '니―' 하고 길게 발성한다.
'니―'하고 발성을 할 때는 혀끝이 입천장에서 살짝 떨어진 상태이다. 이때 혀끝이 이에 닿아서는 안 된다. 혀끝이 울리면서 입천장을 울리고 입천장의 울림이 미심을 자극 하도록 한다. 미심의 자극이 간뇌를 거쳐 대뇌 후두엽으로 빠져나와 척추를 타고 꼬리뼈 끝까지 도달하도록 한다.

3. '은'하고 짧게 발성하면서 혓바닥을 다시 입천장에 붙인다.

점다 녹차와 니은 발성

뇌하수체와 송과체의 균형을 맞추어 주고 교감신경을 순화하며 척추의 냉증을 다스린다. 호르몬 불균형으로 비롯되는 각종 질병을 치료한다. 갑상선, 생리통, 골다공증 등.

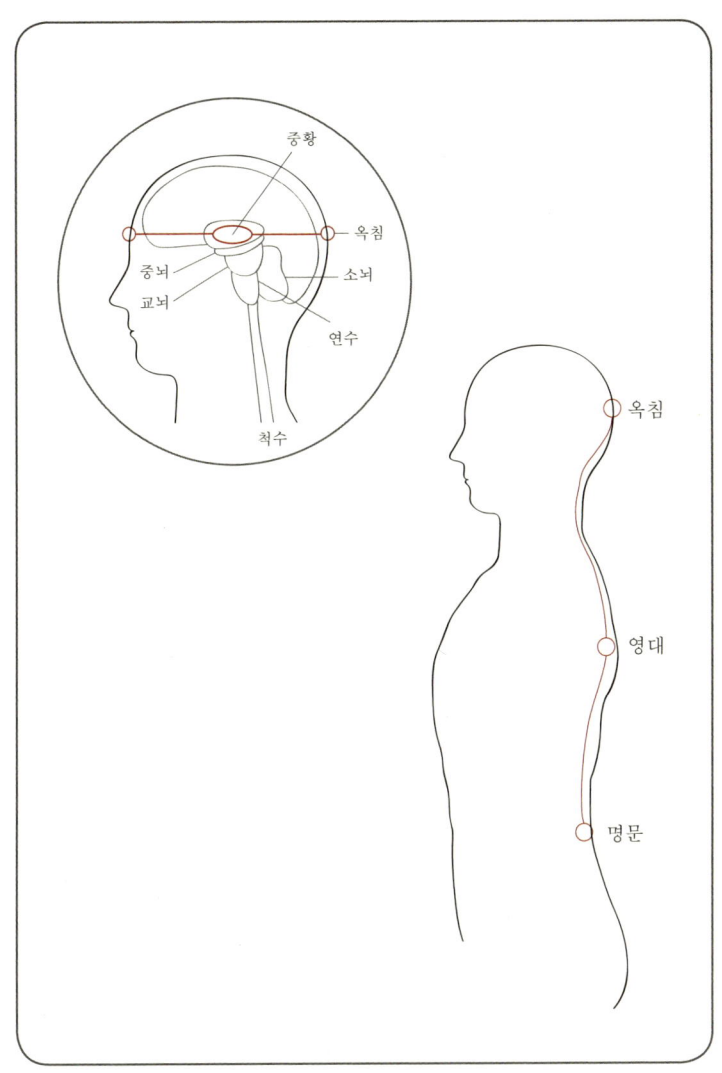

〈 니은 발성 〉

미음 발성

얼굴 근육의 긴장을 풀고 '미―'하고 길게 발성한다. 그런 다음 '음'하고 짧게 끊어 준다. 이때 혀는 입의 중간에 떠있다.

1. 숨을 들이쉬고 편안한 상태에서 입술로만 내는 입술소리로 '미―'하고 길게 발성한다. 이때 입술 양쪽 끝 입꼬리의 떨림을 정확하게 느껴야 한다.

2. 양쪽 볼의 떨림을 느낀다. 이때 볼의 떨림이 느껴지지 않으면, 양 손바닥을 양쪽 볼에 대고 떨림을 느껴 본다.

3. 교뇌 연수의 떨림을 느껴본다. 양쪽 볼을 자극한 진동이 교뇌 연수로 들어가서 그 부위를 자극해 준다.

4. 연수의 진동을 미주신경을 타고 양쪽 옆구리에 있는 간과 비장으로 보낸다. 간 비장의 떨림을 느껴준다.

고정차 전다와 미음 발성

안면신경을 잡아주고 미주신경을 치료하며 간과 비장의 균형을 잡아준다. 근육과 힘줄을 강화시켜주고 소화기능을 도와주며 피로를 풀어준다.

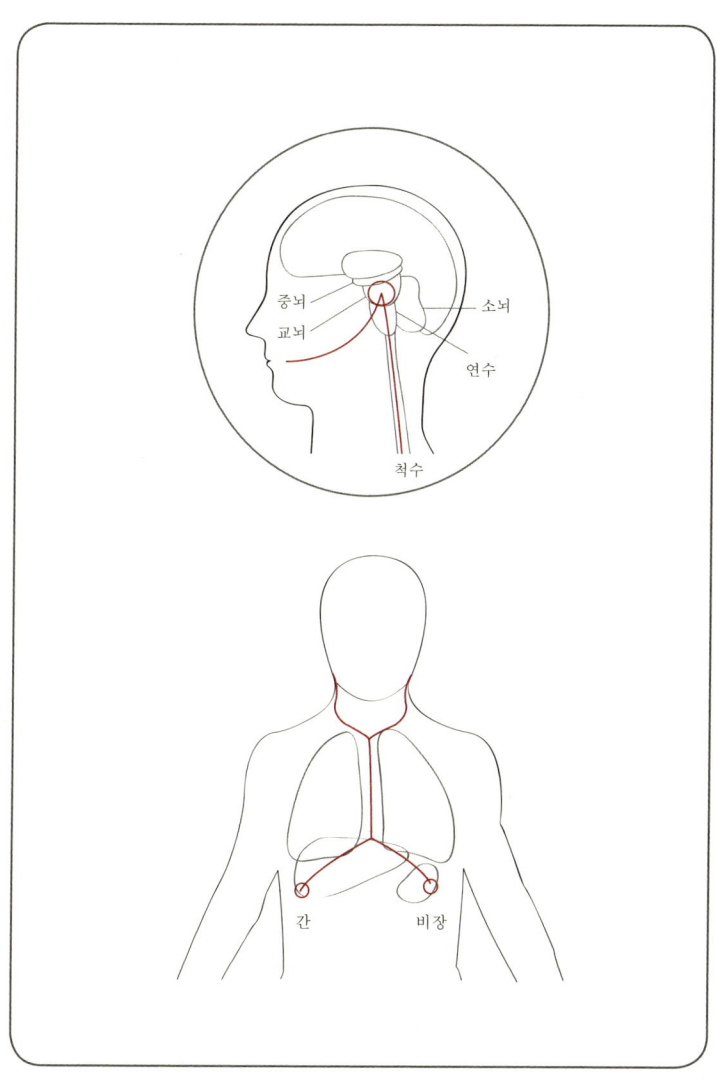

〈 미음 발성 경로 〉

비읍 발성

'비——'하고 길게 발음한 다음 '읍!'하고 짧게 끊어준다.

1. '비——'하고 길게 발성한다. '비——'하는 입술 양 끝의 떨림으로 양쪽 어깨가 떨리게 한다.

2. 양쪽 어깨의 떨림이 양팔로 이어져서 양 손바닥에서 느껴지도록 한다.

3. 다시 양쪽 어깨 떨림을 느껴주고 그 느낌이 등 선을 타고 내려가서 부신과 신장을 울리게 한다.

4. 양쪽 신장을 울린 진동이 꼬리뼈에서 합쳐져서 꼬리뼈 끝으로 빠져나가는 것을 느낀다.

5. '읍!'하고 짧게 발성하면서 양쪽 옆구리를 조여준다. 간과 비장을 하나로 연결해준다고 생각한다.

보이차 전다와 비읍 발성

삼차신경과 안면신경을 순화하며, 꼬리뼈의 부교감신경을 순화한다. 신장과 부신을 치료하며 어깨, 허리, 무릎 등 인체 전반에 걸쳐있는 대부분의 뼈를 치료한다.

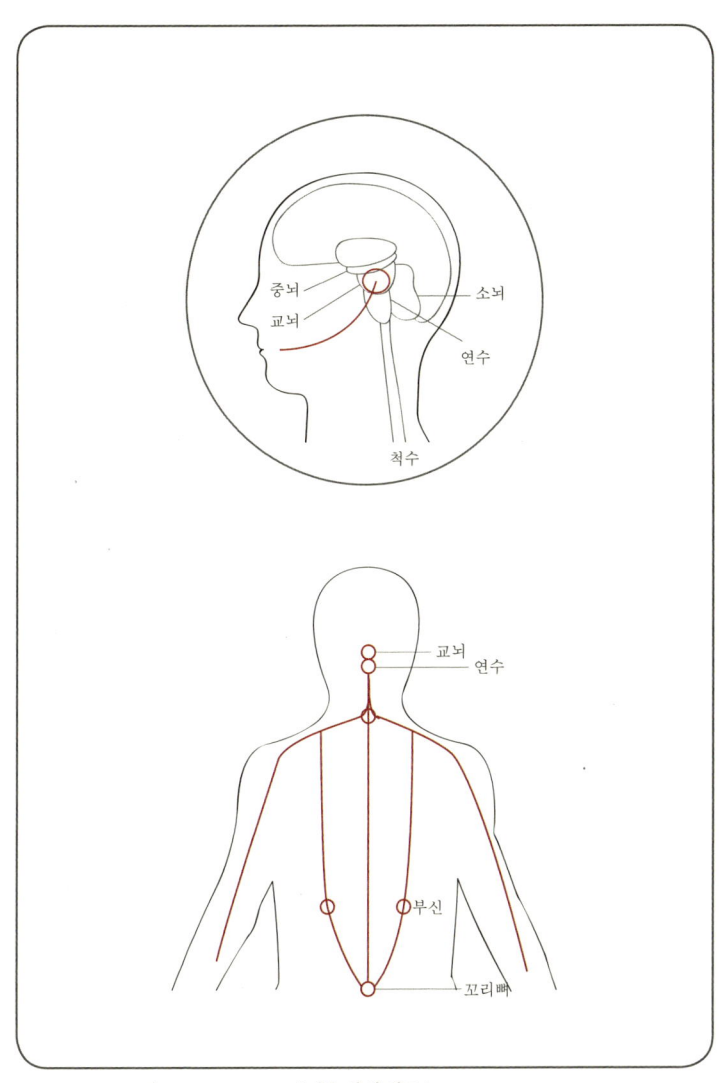

〈 비읍 발성 경로 〉

포다 다기공

포다 다기공

다기공이란 차의 기운을 운용해서 자기제도를 이루는 법이다.

1) 차의 냉기와 다기공

"술을 마시면 머리가 취하지만 차를 마시면 가슴이 취한다."

다기공을 알게 되면 차의 기운을 운용하면서 이와 같은 경지를 맛볼 수 있다.

행자 시절, 선방 스님들의 차 시봉을 들면서 차를 접했다.
그때가 1980년대 초였다.
그 당시 접했던 차는 녹차였다. 은사 스님께서는 시원한 물에도 우려지는 녹차를 직접 주문해서 마실 정도로 차를 즐겨하셨다.
행자가 차 시봉을 들자니 여간 조심스러운 것이 아니었다. 그때 배운 것이 녹차를 통해 다섯 가지 맛을 내는 방법이었다. 그러면서 나름대로 차와 가까워졌다.

그 후 몇 년 동안 토굴생활을 하고 나와 보니 중국 차가 유행하고 있었다.

보이차를 처음 접한 것은 90년대 초였다. 아는 스님이 타차를 몇 개 가져와서 처음 맛본 것이 보이차를 접하게 된 시작이었다.

중국 차가 유행할 무렵, 차를 즐기던 사람 대부분이 냉병에 시달리고 있었다. 그 원인이 녹차를 너무 차갑게 마셨기 때문이라 했다. 그래서 녹차를 멀리하고 중국 차를 가까이하게 되었다는 것이다.

그런 상황에서 보이차가 유행하기 시작했다. 보이차는 몸을 따뜻하게 해주는 효과가 있다는 것이다. 녹차를 즐기던 많은 스님이 보이차를 좋아하게 되었다.
그 당시 필자는 기공을 익히고 있었다. 그래서 사물이 갖고 있는 물성을 기운의 감각을 활용해서 구분하는 방법을 알고 있었다.

필자 또한 차를 좋아하는 사람이다.

녹차를 많이 마셔서 냉병에 걸렸다는 말을 들으니 정말로 녹차가 냉병의 원인이 되는지를 알아보고 싶었다.

몇 가지 실험해본 결과, 녹차가 다관에서 우려져 나올 때에는 엄청난 냉기가 표출된다는 것을 알게 되었다. 그 후에 오룡차를 비롯한 여러 종류의 차들을 기감을 활용해서 감별하기 시작했다. 그 결과 거의 대부분의 차에서 냉기가 표출되는 것을 알게 되었다. 물론 차의 종류에 따라 냉기가 표출되는 정도는 달랐다.

그 원인에 관해 연구해보니 차의 생장 조건이나 채취 시기, 법제 하는 방법에 따라서 냉기가 제거되기도 하고 남아있기도 하는 것을 알게 되었다.

차는 72가지 독을 해독하는 효능이 있다 했다.
신농씨가 72가지 독을 몸으로 실험해보고 나서 그 독을 차로써 해독했다는 데서 유래된 말이다. 하지만 냉성이 다스려지지 않은 차를 정도 이상 과음했을 때는 오히려 냉병을 유발하는 원인이 되기도 한다. 차를 통해 냉병이 생긴 사람을 조사해보니 다음과 같은 결과가 나왔다.

차를 차가운 상태로 마시는 사람은 대부분 냉병에 걸렸다. 그런 경우 체온이 떨어지고 무기력증에 빠졌으며 면역성이 극도로 저하되어 있었다. 빈속에 차를 과도하게 마시는 사람도 냉병에 걸렸다. 이런 경우에는 위장에 심한 장애가 생겼다.

하루에 마시는 차의 양이 정도 이상을 넘어설 경우, 비장에 무리가 생겼다. 그 결과로 소화 장애나 면역성 저하, 냉병이 생겼다. 이렇게 차를 과도하게 마셨을 때 생기는 냉병은 뼈의 골수에 스며들어 골수의 온도를 떨어뜨리는 결과를 낳았다. 대부분 차를 통해 냉병을 얻은 사람은 골수까지 냉기가 침범한 상태였다. 차의 냉기가 인체에 미치는 악영향은 참으로 대단했다.

이런 결과를 얻은 후 부터는 차를 바라보는 시각을 달리하게 되었다.
참고로 필자는 하루에 적어도 1리터 이상의 차를 마신다.

필자뿐만 아니고 필자의 주변에 있는 대부분의 지인도 차를 항상 곁에 두고 사는 사람들이다. 그러니 그냥 지나칠 문제가 아니었다. 그때부터 매달린 것이 차의 냉성을 제거하는 방법을 연구하는 것이었다.

연구결과, 차의 냉성을 다스리려면 차를 법제 하는 과정과 차를 우려내는 과정에서 냉기를 제거해 주어야 한다는 것을 알게 되었다.
물론 차가 성장하는 과정에서 냉성이 만들어지지 않으면 좋겠지만, 대부분의 차는 그런 조건에서 생장하지 못한다. 차는 비옥한 환경에서 생장하면 냉성이 강해지고 척박한 환경에서 생장하면 약성이 강해진다.
차를 법제 하는 과정에서 냉성을 다스리려면 각각의 차마다 그 방법을 달리해야 한다.
녹차의 경우, 덖고 유념하는 과정에서 냉성을 제거해야 하고, 보이차의 경우, 충분한 시간을 두고 발효를 이루어야만 냉성이 제거된다. 오룡차류도 마찬가지다.
차를 달이는 과정에서 냉성을 다스리려면 팽주가 기운을 활용해서 차의 냉기를 제거해 줘야 한다. 이럴 경우 팽주는 기감을 연성해서 다관 속의 차와 기운을 통한 교감을 이룰 수 있어야 한다.

차를 달이기 전에 냉성이 제거된 차를 만나는 것은 참으로 어렵다. 그런 차를 만나는 것은 그야말로 크나큰 행운이다. 그래서 좋은 차를 만나길 바라기보다 스스로 기운을 운용하는 방법을 배워서 차의 냉기를 제거한 다음 마시는 것이 훨씬 더 현명한 길이다. 차의 냉기를 제거하고 차의 기운은 운용해서 심신의 안정을 찾고 병든 몸을 치유하는 방법을 '다기공'이라 한다. 다기공을 하기 위해서는 처음 배워야 할 것이 기운에 대한 감각을 얻는 것이다. 이는 진동관을 통해 얻는다. 진동관이란, 몸에서 일어나는 미세 진동을 인식하는 법이다.

2) 다기공의 수련 - 진동관법

가부좌나 반가부좌의 자세를 택한다. 목과 어깨를 자연스럽게 풀어 준 다음 척추를 바르게 하여 앉는다.
다음은 진동관의 방법을 순서대로 나열한 것이다.

① 양손의 엄지와 검지를 끝이 맞닿게 하고 살며시 무릎 위에 올려놓는다.

이때 손가락에 너무 힘을 주지 말아야 한다. 그저 지그시 누른 상태면 된다. 맞닿은 손 끝에서 맥박 뛰는 진동을 느낀다. 때에 따라서, 싸늘한 냉기가 손가락 사이나 손 끝에서 빠져나가는 것이 느껴진다. 폐, 대장, 삼초, 심포, 심장 부위에 쌓여있던 냉기가 빠져나오거나 병증이 다스려지면서 그런 증상이 생긴다. 계속하면 증상이 사라진다.

② 양손의 엄지와 검지를 끝이 맞닿게 하고 살며시 무릎 위에 올려놓는다.

의식의 집중이 순일하게 이루어지면 손끝에서 느껴지던 진동이 손바닥 전체로 확장된다. 손바닥이 둥둥둥 하고 울린다. 그때쯤에서 기운이 손바닥 위로 모이기 시작한다. 사람에 따라 찌릿찌릿하는 느낌이 올 수도 있다. 손바닥 위에 공간이 빽빽하게 느껴지거나 공이 얹혀진 듯한 느낌이 들 수도 있다. 때로는 후끈한 열기가 느껴지기도 한다.

①, ②의 과정을 충분하게 반복해서 연습해준다.

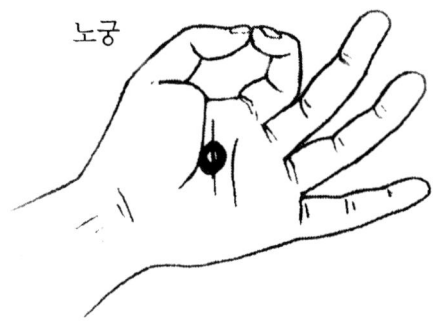

③ 손바닥 전체로 진동이 느껴지고 기감이 형성되면 이번에는 손바닥 중심에 구멍을 뚫어야 한다.

손바닥의 중심을 노궁이라 한다. 노궁에 구멍을 뚫는 것은 상상을 통해서 한다. 그 구멍이 손목을 지나 팔뚝 뼈까지 이어지고 어깨뼈를 지나 척추와 연결되어 있다고 생각한다. 그다음에는 손바닥 위에 기운으로 뭉쳐진 공(이하 탁구공이라 명명함)을 만든다.

기운이 탁구공처럼 둥글게 뭉친다고 의념을 가하면 실제로 기운이 둥글게 뭉쳐진다. 진짜 탁구공처럼 선명한 감각으로 뭉쳐지지 않아도 상관이 없다. 둥근 형태의 기운이 노궁의 구멍 위에 얹힌 느낌만 있으면 된다. 이 과정은 손바닥에 모인 기운을 뼈로 끌어들이기 위한 준비 작업이다.

④ 이번에는 손바닥 위에 올려진 탁구공을 노궁의 구멍으로 빨아들이는 과정이다.

숨을 들이쉬면서 손바닥이 둥 하고 울릴 때, 탁구공이 노궁의 구멍으로 쑥 빨려 들어간다고 의념을 가한다. 이때 손목에 팔꿈치 안쪽으로 약간 잡아당겨 지는 듯한 느낌을 가해준다.

그렇게 하면 탁구공이 구멍 속으로 쑥 하고 빨려들어 간다. 손목에서 찌르르하는 자극이 생겨난다.

손바닥에 모여 있던 기운이 손목뼈를 타고 들어오면서 생기는 감각이다. 사람에 따라서 자극이 경미하거나 아예 느껴지지 않을 수도 있다. 때로는 뻐근한 통증이 느껴질 수도 있다. 그런 경우는 ①, ②번의 과정이 충실히 행해지지 못했기 때문에 생기는 증상이다. 천천히 숨을 내쉬면서 다시 노궁에 의지를 둔다.

⑤ 손바닥에 모인 기운을 팔뼈를 통과해서 대추혈까지 끌어올리는 과정이다.

천천히 숨을 들이쉬면서 손바닥의 진동이 둥 하고 울릴 때, 탁구공을 노궁의 구멍으로 쑥 하고 빨아들인다. 팔뼈를 통해 대추혈까지 기운을 끌어 올린다.

숨을 내쉴 때는 거꾸로 대추혈에서부터 노궁까지 호흡의 속도에 맞춰 의지로 탁구공을 옮긴다. 다시 손바닥 위에 탁구공이 얹혀 있는 것을 느낀다. 기운이 손목을 지나 팔 뼛속을 통과할 때 찌르르하면서 뻑뻑한 느낌이 생긴다. 때로는 훈훈한 열기가 뼈를 타고 오르내리기도 하고 팔 전체가 후끈하게 달아오르기도 한다.

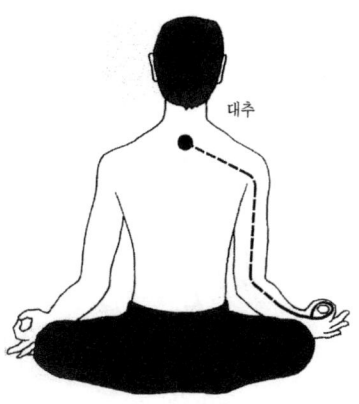

⑥ 노궁에서 대추혈까지 기운의 통로가 만들어지면 이번에는 노궁에서 명문까지 한 호흡에 기운을 끌어들인다.

호흡을 천천히 들이쉬면서 노궁에서부터 팔뼈를 통해 어깨까지 탁구공을 끌어올린다. 계속해서 등 쪽 쇄골을 통해 대추혈을 지나고 척추를 따라 명문까지 탁구공을 끌어내린다.

내쉬는 호흡에 맞춰 명문에서 척추 속 통로를 따라 대추 어깨를 지나 손바닥으로 탁구공을 다시 옮긴다.

노궁에서 대추까지 통로를 열고 다시 노궁에서 명문까지 전체 통로를 열 때, 호흡이 짧은 사람은 한꺼번에 열기가 쉽지 않다. 그런 때에는 대추와 명문 사이를 따로 소통시켜 준 다음, 다음번 호흡에서 한꺼번에 이어준다.

⑦ 이미 갖추어진 통로로 기운을 끌어들여서 명문에 저장한다.

여기까지가 진동관을 하는 대략적인 방법이다.
진동관이 익숙해지면 이때부터 다기공을 할 수 있다.
다기공은 명문에 저장된 기운을 활용해서 하는 것이다.

손바닥 통해 섭취한 기운을 명문에 저장하게 되면 명문에서 후끈한 열기가 느껴진다.
이 과정을 반복해서 행하다 보면 농구공만한 불덩이가 명문에 매달리는 것을 체험할 수 있다. 명문에 기운이 집약되면 호흡을 통해 손바닥과 명문 사이로 기운이 내왕하도록 충분히 연습한다. 그런 다음, 손바닥에 기운을 모은 상태로 다기공을 행한다.

티베트 밀교에서는 "척추에 불기둥을 세워서 모든 사마를 굴복시킨다."라고 말하고,

불교의 "자기 제도법" 중에는 "척추뼈 순화"라는 과정이 있다.
진동관을 통해 명문에 기운을 내장하고 그 기운을 운용하면서 위와 같은 성취를 이룰 수 있게 된다.

다기공이란, 행다를 하는 전 과정에서 자기 기운과 차의 기운이 교류토록 하는 것이고, 물과 불, 차도구와 빈객에 이르기까지 차실 내의 모든 생명과 기운을 통해 교류를 행하는 것이다.

그래서 다기공을 행하는 팽주는 깨어있는 정신으로 차실의 모든 생명과 사물을 살필 줄 알아야 한다.

다기공을 하는 팽주가 처음 살펴야 할 것은 빈객이다. 즉, 함께 차를 마시고자 하는 사람을 먼저 살펴야 하는 것이다. 사람을 살피는 일에는 여러 가지 방법이 있겠으나 다기공의 관점에서는 그 사람의 기운과 나의 기운이 서로 교감토록 하는 것이다.

3) 다기공의 운용과 빈객의 제접

명문에 저장된 기운을 날숨을 통해 손바닥으로 이끌어온다.
손바닥에 후끈한 열기가 모이면 그때 그 기운을 상대에게 보낸다.
기운을 보낼 때는 손바닥의 방향이 상대방에게 향하도록 한다. 그런 다음 손바닥으로 불을 쬐듯이 상대를 비춰준다. 이때 조심해야 할 것이 있다. 상대에게 기운을 보내는 그 행위가 상대의 심기를 불편하지 않도록 해야 한다. 그러기 위해서는 상대가 모르도록 하는 것이 좋다.

동작의 범위가 넓거나 행동이 부자연스러우면 상대가 나의 의도를 파악할 수 있다.
때문에 무릎 위에 손바닥을 올려놓은 상태에서 자연스럽게 행동해야 한다. 여유를 갖기 위해 잠시 입정에 드는 것도 좋다. 마음을 고요히 한 상태에서 호흡을 조절하고 손바닥에 기운이 모이면 그 상태에서 상대를 살피는 것이다. 이때 상대 또한 잠시 입정에 들도록 유도할 수 있으면 자연스럽게 이 과정을 넘어갈 수 있다.

기운의 교감을 통해 상대를 살피려면 먼저 숙지해야 할 것이 있다.
바로 "기진도"이다. 이는 손바닥에 장부의 위치를 표시한 지도이다. 장부의 상태가 손바닥에 드러나는 원리를 적용해서 만든 도표인데 숙지해 두면 여러 방면으로 광범위하게 활용할 수 있다.

기진도에서 보았듯이 손바닥이나 손등에는 몸의 전체부위가 축소 반영되어 있다. 그래서 앞서 말한 자극이 어느 부위에서 일어나는가를 보면 상대의 몸 상태를 파악할 수 있다.
기운을 통해 상대를 살피는 것을 기진이라고 한다. 기진에는 원거리 기진과 근거리 기진이 있다. 원거리 기진이 능숙해지면 상대가 목전에 앉기도 전에 상대의 상태를 알 수도 있다.
본래 아는 지인이라면 더욱 쉽게 알 수도 있고, 모르는 사람이라도 그 사람에 대한 이미지를 떠올릴 수 있으면 언제라도 가능하다. 하지만 그 정도의 능력을 갖추려면 중심을 세워서 중관을 행할 줄 알아야 한다. 중관의 법과 다기공이 합해지면 그런 경지를 이룰 수 있다.

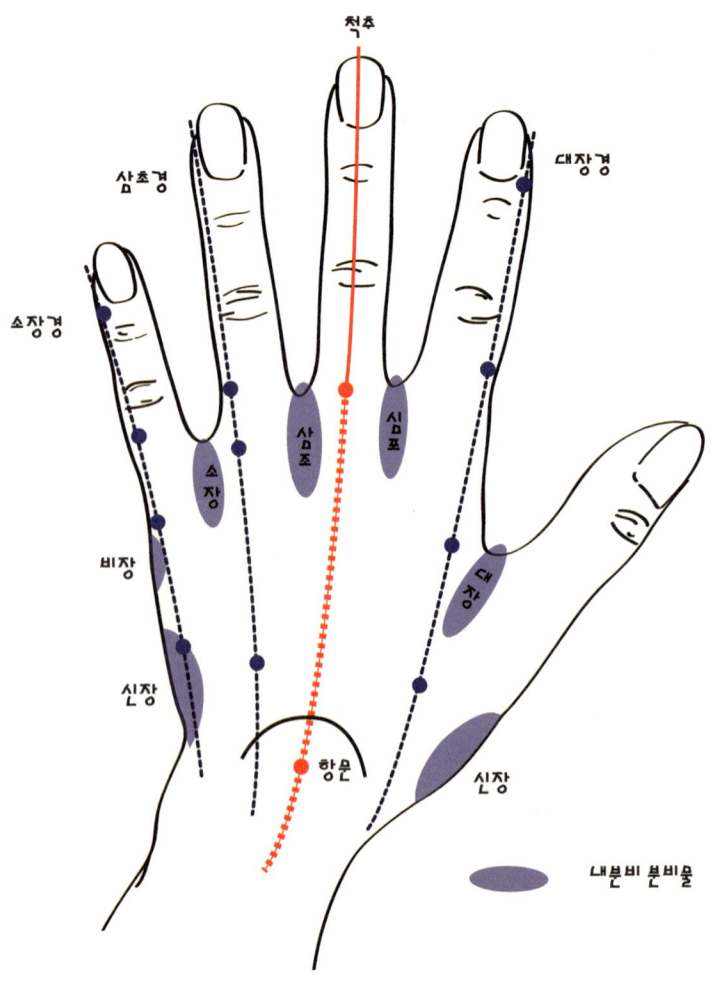

〈 기진도 손등 〉

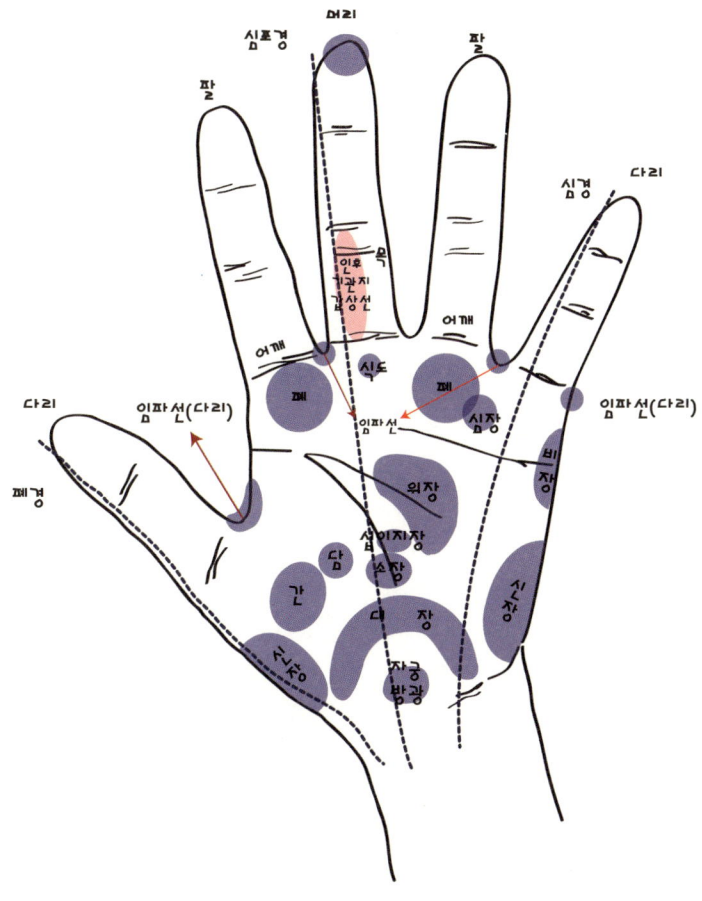

〈 기진도 손바닥 〉

4) 차 우리기

기진을 통해 상대의 상태를 인지했으면, 그때 상대에게 권할 차를 결정한다.
다기공을 행하는 팽주는 무엇보다도 차의 성품을 잘 파악하고 있어야 한다.

서로 다른 종류의 차마다 서로 다른 장부에 작용하는 특징이 있기 때문이다.
때에 따라서는 같은 종류의 차라도 서로 다른 장부에 작용하도록 할 수도 있다. 이는 물 온도와 차를 우려내는 시간, 기운의 운용을 통해서 이룰 수 있다. 이렇게 할 수 있는 것은 차를 이루는 주요 성분들이 물 온도와 시간에 따라서 물과 반응하는 성향이 다르기 때문이다.

차의 종류에 따라서 장부에 미치는 영향이 다른 것도 차를 법제하는 과정에서 차를 이루고 있는 성분 중에 서로 다른 성분이 표출되기 때문이다.
우리나라의 녹차는 다른 차에 비해 특히 풍부한 영양성분을 갖고 있다.
하지만 차를 법제하는 과정에서 효율적으로 영양성분을 살려내지 못하는 경우도 있고 냉기를 제거하지 못해서 차의 약성을 살려내지 못하는 경우도 있다.

우리의 녹차가 더욱더 좋은 차로 거듭나기 위해서는 이 부분에 관한 연구가 심도있게 이루어져야 한다.

특히, 차를 법제함에 있어 솥의 온도에 따라 차에 있는 영양성분이 표출되는 성향이 다른 것에 관한 연구가 선행되어야 한다. 몇 도의 온도에서 차를 덖었을 때는 차를 이루는 성분 중에 어떤 성분이 표출되고 그때의 맛은 어떠하며, 그런 경우 차를 다리는 물 온도와 시간을 어느 정도 해 주어야 하는지에 대한 연구를 다양한 각도에서 해 주어야 한다.
이는 차의 특징을 살리기 위한 노력이다.

중국 차의 종류가 다양해진 것은 똑같은 찻잎을 가지고도 차를 법제하는 방법을 달리했기 때문에 얻어진 결과이다.
차를 다루는 팽주는 차의 성품을 이와 같은 안목에서 살필 줄 알아야 한다. 그래서 각각의 다른 차마다 어떤 방법으로 우려내야 그 차에 있는 약성을 효율적으로 표출시킬 수 있는지를 알아야 한다.

예를 들면, 녹차는 낮은 온도에서 법제한 차는 낮은 온도의 물로 우려낼 때 영양성분을 살려낼 수가 있다. 하지만 이런 경우 차의 냉기가 제거되지 않았기 때문에 몸이 냉한 체질인 사람에게는 맞지 않다.
이런 차는 팽주가 다기공을 통해 차의 냉기를 최대한 제거한 상태에서 마시도록 해야 한다.

낮은 온도에서 우려지는 차는 비타민 C나 데아닌, 무기질 등이 풍부하다. 그래서 그 맛이 고소하면서 달다. 기진을 했을 때 폐가 안 좋은 경우나 간이 안 좋은 경우, 불면증이 있거나 면역성이 떨어져 있는 경우에는 이와 같은 방법으로 차를 우려서 대접한다.

높은 온도에서 법제한 차는 높은 온도의 물을 써야 영양성분이 효율적으로 표출된다. 이때에는 카페인이나 아르지닌, 타닌 계열의 영양성분이 효율적으로 표출된다.

기진을 했을 때 몸이 냉한 사람이나 심장, 비장, 신장에 이상이 있다면 이와 같은 방법으로 차를 다려서 대접한다.

차가 높은 온도에서 법제 되었는지, 낮은 온도에서 법제되었는지를 알려면 찻잎의 상태를 살펴보면 알 수 있다.

낮은 온도에서 법제한 차는 찻잎의 표면이 매끈매끈하고 높은 온도에서 법제한 차는 찻잎의 표면이 거칠다. 기감으로 차의 법제 상태를 살필 때는 냉기가 표출되는 정도로써 알 수 있다. 냉기가 많으면 낮은 온도에서 차를 법제한 경우가 많고 냉기가 적으면 높은 온도에서 법제한 경우가 많다.

서로 다른 차가 서로 다른 장부에 작용하는 원리를 알려면 차의 성분에 대한 기본적인 지식도 필요하지만, 무엇보다도 차를 마시면서 차의 성분이 장부에 전달되는 것을 감각적으로 느낄 수 있어야 한다.

그러려면 다기공을 능숙하게 행할 줄 알아야 한다. 이 부분에 대해서는 차를 마시면서 다기공을 운용하는 과정에서 상세히 설명키로 하겠다.

우선 빈객의 상태를 살피고 난 뒤에 차를 우려내기까지의 과정에서 다기공을 운용하는 방법에 대해 말해보겠다.

기진을 통해 빈객의 몸 상태가 드러나면 거기에 맞는 차를 고른다. 그런 다음에 물 온도를 가늠한다. 뜨거운 물을 써야 할지, 약간 식힌 물을 써야 할지를 결정하는 것이다.

물을 끓일 때도 물에서 표출되는 기운을 느껴본다.

전기 주전자를 쓸 때는 이 과정이 필요치 않지만, 돌솥이나 탕관을 이용할 때는 물이 끓는 느낌을 기운을 통해 감지할 수 있다. 기운으로 물이 끓는 느낌을 감지하다 보면 어느 때인가 물에서부터 강한 기운이 표출되는 것을 느낄 수 있다.

빽빽하게 손바닥을 밀어내는 뜨거운 느낌이 바로 그것이다. 이때가 물의 기운이 가장 왕성해지는 때이다.

그런 느낌이 오면 그때 물을 떠서 수구에 넣는다.

뜨거운 온도에서 차를 우리려면 다관에 직접 물을 붓는 것이 좋다.

이 과정을 일러 "물을 읽는다"고 말한다. 차는 물의 정수라 할 수 있다. 물과 찻잎이 어우러져서 만들어내는 조화경이 바로 "차"인 것이다. 차의 종류가 여러 가지이듯 물도 또한 여러 종류가 있다.

물은 어떤 환경에 처해 있느냐에 따라 그 기질이 달라진다.

그것을 결정하는 데는 여러 가지 원인이 있다.

그중 가장 큰 원인으로 작용하는 것이 온도와 토질, 그리고 자기장이다.

물은 종류에 따라서 끓는 점이 다르다. 그래서 끓는 시간으로 물의 상태를 가늠하는 것은 부적절한 방법이다. 다경에서는 물의 끓는 형태를 보고 물의 기운을 가늠한다 말한다. 하지만 이 또한 부정확한 방법이다. 물의 기운을 가늠하는 가장 좋은 방법은 감각으로 물의 기운을 직접 느끼는 것이다.

물의 기운이 가장 왕성한 상태에서 차를 우리면 차의 냉성도 효과적으로 제거할 수 있고 차의 영양성분도 최대한 표출시킬 수 있다.

다관에 물을 부은 다음에는 모든 의지를 다관에 집중한다.
손바닥이나 손가락 끝을 다관 쪽으로 향하게 하고 다관 안에서 일어나는 변화를 기감으로 감지하는 것이다. 그런 상태로 있다 보면 어느 순간부터 쩌르르- 하는 느낌이 다관에서부터 표출되어 나온다.
 이때가 바로 물과 찻잎이 서로 반응해서 차의 성분이 녹아 나오는 때이다. 이때 차의 냉기도 함께 표출된다. 이때, 냉기가 많은 차는 손이 시릴 만큼 냉기를 품어낸다. 이에 반해 냉기가 거의 없는 차는 쩌르르- 하면서 빽빽한 기운이 따뜻하게 품어져 나온다. 이때 시간을 얼마나 두는가에 따라서 차의 맛과 표출되는 성분이 달라진다.

냉기가 많은 차는 냉기가 최대한 빠져나오도록 여유있게 시간을 둔다.
앞서 말했듯이 이런 차의 경우는 물 온도를 낮게 잡아주어야 한다. 냉기가 적은 차는 쩌르르-하는 그 순간부터 세 호흡 상간에 차를 뽑는다.

이런 경우는 물 온도를 높게 잡아줘야 한다. 이렇게 차를 우리면 가장 맛있는 차가 나온다. 달고 고소한 맛의 차는 이렇게 해서 우려진다. 다관에서 차기가 표출되는 시간을 놓고 차의 맛을 조절하는 감각을 얻게 되면 이때 비로소 '차를 다룰 줄 안다'고 말한다.

다관 안에서 물과 반응하는 찻잎을 기운으로 느낄 줄 알게 되면 자연을 이루는 어떤 생명과도 기운을 통해 교감할 수 있다.
허공과도 교감할 수 있고 땅과도 교감할 수 있으며 유정과도 교감할 수 있고 무정과도 교감할 수 있다.
하지만 그런 경지를 이루려면 대상을 가리지 않고 꾸준하게 기운을 통해 교류하려는 의지를 내야 한다. 눈, 귀, 코, 입, 몸, 생각을 통해 교류하던 습성을 끊어 버리고 오로지 기감만을 통해 교류하려고 하는 노력이 필요한 것이다.

다회에 참석하는 한의사 한 분은 환자의 차트만 들어도 그 환자의 상태가 몸으로 느껴진다 했다. 이분은 삼 년 정도 수련을 했는데 그와 같은 성취를 이루었다.
처음 다기공을 시작한 사람이라도 육 개월 정도면 차의 기운을 능숙하게 읽어 낼 수 있다. 원거리 기진 또한 마찬가지이다.
이와 같은 방법으로 다관 안에 냉기를 제거하면 수구에 차를 따른다.
수구에 차를 따른 후에도 냉기를 한 번 더 제거한다. 다관 안에서 냉기가 충분히 제거되지 않았을 수도 있기 때문이다. 이때는 충분한 시간을 두고 냉기를 제거한다.
그런 다음 찻잔에 차를 따른다.
여기까지의 다기공은 상대를 진단하고 차의 냉기를 제거하는데 관점을 두었다. 이제부터는 차를 마시면서 차의 기운을 운용하고 중심을 세워 '다선 삼매'를 이루는 데 목적을 둔다.

5) 차 마시기

찻잔을 들어서 먼저 차의 향기를 음미한다.
이는 뇌하수체를 자극하고 교감신경을 항진시키기 위해 행하는 것이다.

호흡을 천천히 들이마시면서 차의 향기를 음미한다. 그런 다음 비공을 가득 채운 차향이 미심을 자극하는 것을 느껴본다.
미심이 자극되면서 척수신경의 감각이 깨어난다. 이때 기감이 발달한 사람은 꼬리뼈가 미심의 자극에 반응하는 것이 느껴진다.
향기를 머금기 위해 들이쉬었던 숨을 천천히 내쉰다. 숨을 내쉴 때는 반드시 입으로 내쉰다.
고개를 약간 돌린 채로 입술이 벌어진 듯 만듯한 상태에서 천천히 숨을 내쉬는 것이다. 이는 비공을 채우고 있는 차의 향기가 흩어지지 않도록 하기 위해 행하는 것이다. 만약 코로 숨을 내쉬게 되면 비공에 모인 향기가 흩어져서 그다음 과정의 다기공이 행해지지 못한다.

다시 천천히 호흡을 코로 들이쉬면서 차향을 들여 마신다. 이때에는 비공을 채우고 있던 향기를 척추를 타고 꼬리뼈까지 끌어내린다. 이때 운용하는 몸의 기점은 미심-중황-옥침-대추-영대-명문-미려 라인이다.

좀 더 상세한 설명을 덧붙여 보자.
들숨과 함께 자극되는 미심의 감각을 머릿속을 통과해서 옥침으로 연결한다. 그런 다음 경추를 타고 내려와서 대추로 대추에서 영대-명문-미려를 타고 꼬리뼈 끝까지 끌어내리는 것이다.

이때 주시해야 할 것이 있다. 향기의 감각이 척추를 타고 내려갈 때 장부가 반응하는 느낌을 살펴보는 것이 바로 그것이다. 다기공이 능숙해지면 이 과정이 진행될 때 장부가 반응하는 것을 명확하게 느낄 수 있다.
척추에는 장부로 영입하는 교감신경의 라인이 분포되어 있다.
교감신경은 장부의 운동과 내분비를 조절하는 자율신경이다. 그래서 차의 향기를 들이쉬어 교감신경이 자극되면 차의 기운과 반응하는 장부가 인식되는 것이다.

다시 천천히 숨을 내쉬면서 꼬리뼈에서 미심까지 감각을 걷어 올린다.
들숨에 미심에서 미려까지 끌어 내렸던 감각을 다시 숨을 내쉬면서 끌어올리는 것이다.

이 과정에서 송과체가 자극된다.
송과체는 등 쪽 척수를 타고 뇌로 영입되는 정보에 대해 내분비를 조절하는 역할을 하는 중추신경계의 한 영역이다. 반대로 뇌하수체는 앞쪽 뇌 신경을 통해 영입되는 정보에 대해 내분비를 조절하는 역할을 한다.

의식을 놓고 보면 송과체는 무의식을 지배하고 뇌하수체는 표면의식을 지배한다.
생명이 자연과 교감할 수 있는 역량을 갖추려면 뇌하수체와 송과체를 통합적으로 활용할 줄 알아야 한다. 즉 무의식과 표면의식을 통합적으로 활용해야 한다는 말이다.

여기까지의 과정은 찻잔에 차를 따른 후 두 호흡 동안에 이루어진다.
이 과정을 통해 차의 성품을 파악한다.
이제 차를 마시는 과정이다. 차를 마실 때에도 주시해야 할 관점이 있다.
한 모금 입안에 차를 머금는다.
호흡을 천천히 내쉰 다음 숨을 멈춘다.
그런 다음 반 모금의 차를 먼저 삼킨다.

식도를 타고 차가 넘어가는 것을 느끼면서 앞쪽 미주신경을 타고 장부로 영입하는 차의 기운을 느껴본다.
차가 식도를 타고 넘어가는 순간 이미 미주신경이 자극을 받는다.
식도의 앞뒤로 미주신경의 라인이 분포하기 때문이다. 미주신경 또한 장부로 영입하는 자율신경 중 하나이다. 교감신경과 쌍을 이루어서 장부의 운동과 내분비를 조절한다. 교감신경은 장부의 운동을 활성화 시키는 역할을

하고 미주신경은 장부의 운동을 억제하는 역할을 한다. (위장의 경우는 미주신경이 활성화시킨다)

차의 향기를 통해 반응하던 장부가 이번에는 차의 기운에 직접 반응한다.
장부의 반응이 느껴지면 호흡을 천천히 들이쉬면서 하단전을 주시한다.
하단전을 주시한 채로 다시 숨을 내쉰다.
그런 다음 잠시 숨을 멈추고 남은 반 모금의 차를 삼킨다.
지긋이 하단전을 주시하면서 가슴 상태를 함께 살핀다. 가슴을 살필 때는 명치 위 1cm 속으로 5cm 들어간 지점에 의지를 둔다.
이 자리가 중심자리이다.

이 자리 에서는 오장 육부의 상태가 드러난다.
중심을 통해 드러나는 장부의 경상은 열세 가지 종류가 있다.
그중 열두 가지는 장부가 안 좋을 때 드러나는 경상이고 나머지 한 가지는 장부의 상태가 안정되었을 때 드러나는 경상이다.

중심자리에서 물결이 일렁이는 듯한 설레임이 일어나면 신장이 안 좋은 것이다.
메슥거림이 느껴지면 비장이 안 좋은 것이다.
누르는 듯한 압박감이 느껴지면서 통증이 있으면 심장이 안 좋은 것이다.
바늘로 찌르는 듯한 통증이 느껴지면 폐가 안 좋은 것이다.
불안함이 느껴지면 담이 안 좋은 것이다.

울렁거림이 느껴지면 간이 안 좋은 것이다.
답답함이 느껴지면 위가 안 좋은 것이다.
더부룩함이 느껴지면 소장이 안 좋은 것이다.
짜글거림과 더불어 조급함이 일어나면 대장이 안 좋은 것이다.
긴장감과 더불어서 불안정한 상태이면 방광이 안 좋은 것이다
걱정에 차있으면 심포가 안 좋은 것이다.
신경이 예민해지고 날카로우면 삼초가 안 좋은 것이다.

장부가 안정된 상태이면 중심이 편안함을 유지한다.
이와 같은 방법으로 차를 마신 상태에서 중심자리를 주시해 보면 차에 반응하는 장부의 경상이 드러난다.

다시 똑같은 방법으로 한잔 더 차를 마신다.
그리고 중심자리와 하단전을 함께 주시한다.

첫 번째 잔과 두 번째 잔의 차이를 중심에서 느껴본다. 아마도 첫 번째 잔보다 두 번째 잔이 훨씬 더 중심을 안정시켰을 것이다.
이와 같은 방법으로 차를 마시면서 중심을 지켜보다 보면 어느 때부터 미묘한 설레임이 중심에서 일어난다. 어지러운 듯 중심이 일렁이는 것이 느껴지는데, 마치 술 취한 듯한 느낌이다. 하지만 술 취한 것과는 다른 점이 있다. 머릿속이 너무도 맑고 명료한 상태를 유지하는 것이 그것이다.

'술은 머리를 취하게 하지만, 차는 가슴을 취하게 한다'는 말이 이 때문에

나온 것이다.
이때 중심에서 느껴지는 일렁임은 장부의 상태가 드러나는 것이 아니다. 그것은 차의 기운으로 인해 생긴 것이다.
차의 기운에 취한 중심을 지켜보는 것만큼 행복한 것도 드물다.
불교에서는 중심자리를 통해 자기 본성을 비추고 경계를 비추는 것을 일러 "관"이라고 한다. 특히 중심에 편안함을 세워서 그 상태를 지켜가는 것을 일러 '중관'이라고 한다.

처음 중심을 세워서 그 자리를 지켜가는 것은 쉬운 일이 아니다.
의식과 감정의 유희에 길들어 있는 사람이 중심의 편안함만으로 즐거움으로 삼기가 쉽지 않기 때문이다.

그래서 중심의 편안함과 친숙해지기 위한 수많은 방편이 존재한다.
중심을 세우고 중심을 활용하고 중심을 진보시키는 방법을 통틀어 '중도제일의제'라 한다.

차의 기운으로 중심이 취했을 때, 그 취한 가슴을 지켜보는 것 또한 중심과 친해질 수 있는 한 가지 방법이다.
초의선사가 한국차의 정신을 '중정'으로 삼은 것 또한 이 대목과 연관이 있다.
중심이 차의 기운에 취하면 표면에는 미묘한 설레임이 있고, 이면에는 그 설레임에도 관여되지 않는 '한자리'가 있다.

차를 마시는 사람이 이 경지에 이르게 되면 그대로 '다선 일여'에 들게 된다.

진동관을 통해 기감을 형성하고 기운을 활용해서 자연과 교류할 수 있는 역량을 갖추는 것과 중심을 통해 자연과 교류할 수 있는 역량을 갖추는 것은 그 방법이 다르다. 상대를 진단하는 것 또한 마찬가지인데 중심을 통해 상대를 진단하는 법을 일러 '심진법'이라 한다.

심진법은 중관을 바탕으로 해서 이루어진다.

삼관의 법

중관법은 불교의 핵심적인 수행체계 중 하나이다. 그에 대한 원리가 원각경에 상세하게 수록되어 있다.

삼관의 법

불교에서는 선나와 삼마지, 삼마발제를 통틀어 '삼관의 법'이라 한다. 삼마지를 '공관'이라 하고 삼마발제를 '가관'이라 한다.

삼관법의 모태는 중관법이다. 석가모니께서 수자타가 공양한 유미죽을 먹고 깨달은 것이 바로 중관법이다. '중도'란 중관을 전제로 해서 행해지는 모든 도행을 말한다.

여타의 수행법과는 달리 중관법은 따로 방편을 필요로 하지 않는다.
그저 가슴 바탕에 세워진 편안함이 닦음의 주체가 된다. 가슴 바탕에 편안함이 세워지면 그것을 주체로 해서 경계를 비춰보고 그 경계에 대해 아무렇지 않은 마음을 편안함의 이면에서 인식한다.

이때 편안한 중심을 통해 경계를 비춰 보는 것을 '가관'이라 하고 그 이면의 아무렇지 않은 자리를 비추는 것을 일러 '공관'이라 한다.
가관을 행하는 목적은 경계의 가치를 창출하는 데 있다.
공관을 행하는 목적은 자기 본성을 인식하고 경계를 제도하는 데 있다.
중관을 행하는 목적은 여러 가지가 있다.

첫째는 경계와 일치를 이루는 데 있다.
둘째는 본성을 인식할 수 있는 통로를 확보하는 데 있다.
셋째는 심의 주체를 세워주는 데 있다.
넷째는 중심을 통해 경계와 본성 사이를 넘나들면서 각성을 조절할 수 있는 역량을 갖추는 데 있다.
다섯째는 자기제도의 근거를 갖추는 데 있다.
여섯째는 인식의 틀을 넓혀 가는 데 있다.
일곱째는 해탈도와 보살도 등각도와 묘각도를 이루는 데 있다.
여덟째는 단계적으로 선정을 이루는 데 있다.

석가모니 이후 삼관법을 체계화한 사람이 바로 '마명존자'이다. 마명은 '대승기신론'을 통해 '지관법'을 제시함으로써 대승불교의 교육체계를 정립했다.

지관법은 '지법'과 '관법'으로 이루어진 수행체계이다.
지법이란 중심을 통해 본성의 공적함에 의지를 두고 그 자리에 머물러 있는 것을 말한다. 관법이란 중심을 통해 경계를 비추면서 중심의 일과 경계의 일을 더불어서 행하는 것을 말한다.
공관이 곧 지법이고 가관이 곧 관법이다. 마명은 대승기신론에서 깨달은 사람은 근본의 공적함에만 머물러서는 안 된다고 말한다.
공적함에만 머물러서는 경계를 폭넓게 수용할 수 있는 역량이 갖추어지지 않기 때문이다.

따라서 경계와 조화를 이루고 경계의 가치를 효율적으로 창출하기 위해서는 관법을 더불어 행할 수 있어야 한다고 말한다.

마명이 제창한 지관법은 후에 용수에게 전해져서 대승불교에 핵심적인 교육 체계가 된다.

그 법이 면면히 이어져 초의에게 전해진다.

우리나라에 삼관법이 전해진 것은 대승불교가 전해지면서부터이다.

신라 때 전해져서 통일신라 때 가장 융성했던 불교가 바로 대승불교이다.

대승불교와 더불어서 한 시대를 이끌어오던 대승의 삼관법은 고려조가 들어서면서부터 쇠퇴 일로를 걷게 된다. 고려왕조가 정책적으로 신라불교 말살정책을 폈기 때문이다.

삼국유사나 삼국사기에서조차 '삼관'이란 말 자체가 쓰이지 못했다. "원효가 광덕을 가르칠 때 '삽관'을 행했다"는 표현이 나올 뿐이다. 오죽했으면 '삼관'이라고 제대로 표현하지 못하고 '삽관'이라 표현할 수밖에 없었을까 참으로 많은 생각을 하게 하는 대목이다.

초의가 한국차의 정신을 '중정'이라 명명한 것도 대승의 지관법에 입각한 것이다.

초의는 무려 오십여 년의 세월 동안 지관에 매진했다 한다.

초의가 백파긍선의 간화선에 대해 그토록 신랄하게 비판할 수 있었던 것 또한 자신이 지관 수행자였기 때문이다.

다기공에서 심진법은 중관의 법을 활용한 것이고 차기를 중심에서 느끼면서 그 이면에 관여되지 않는 한 자리를 확보하는 것은 공관법을 활용한 것이다. 또 차기를 운용하면서 장부를 순화하고 차를 통해 빈객과 조화를 이루고자 하는 것은 가관법을 활용한 것이다.

중정의 도를 행하고 다기공을 심도 있게 익히기 위해서는 반드시 삼관의 법을 알아야 한다.
앞서 말했듯이 삼관을 익히려면 먼저 중심을 세워야 한다. 중심은 본래 갖추고 있는 자리가 아니다. 이는 새롭게 세워서 갖춰 주어야 하는 자리이다. 중심은 명치 위 1cm 속으로 5cm 들어간 자리에서 세워진다.

'중정의 법'은 '중의 법'과 '정의 법'으로 나누어진다.
'중'이란 중심에 입각해 모든 경계가 쓰이는 것을 말하고 '정'이란 올바름이 실현된 것을 말한다.
중심을 통해 본성에 입각해서 경계가 쓰이면 그것을 일러 '중도가 실현되었다'고 말하고 올바름이 실현된 것을 일러 '조화가 실현되었다'고 말한다.
앞서 언급 했듯이 중도를 실현하기 위해서는 먼저 중심을 세워야 한다.

처음 중심을 세울 때 명치 위 1cm 속으로 5cm 들어간 자리를 주시해 보라고 하면 대부분의 사람들이 그 자리를 인식하지 못한다. 이는 중심에 대한 인식력이 부족하기 때문에 생기는 일이다. 중심자리에 대한 인식력을 키우기 위해서는 먼저 그 자리와 친숙해져야 한다. 이때 필요한 것이 방편이다.

중심을 세우기 위해 쓰이는 방편은 수천수만 가지가 있을 수 있다. 하지만 가장 효율적인 방편을 말하라 하면 '문자관'을 들 수 있다. 문자관이란 문자를 발성할 때 일어나는 소리의 울림을 활용하여 자기제도를 이루는 수행법이다. 불경에서는 '현겁경'과 '문수사리문경' '금강정경' 등에서 다루어지는데 현대에 이르러서는 그 공법이 대부분 상실되어 버렸다.

이렇듯 중심을 세우는데 문자관을 방편으로 삼는 것은 문자관 자체가 삼관을 포용할 뿐만 아니라 중정을 실현할 수 있는 묘용이 있기 때문이다.
문자관 중 '옴 자 수련법'을 소개한다.
다음은 옴자 수련법의 전문이다.
옴자 수련법은 세 단계로 이루어져 있다.
옴자 수련의 첫째 과정은 장부의 순화를 목적으로 한다. 부수적인 효과도 동반되는데, 소리의 진동으로 몸 전체의 기감을 일깨운다.

1) 옴자 수련 첫째 과정

① 자세를 바로잡고 앉는다. 가부좌나 반가부좌 어느 쪽도 괜찮다.

목과 어깨를 가볍게 흔들어 긴장을 풀어준다. 목과 어깨는 편안하게, 척추는 곧게 편다.
중요한 것은 가슴의 중심(가슴 바탕) 부분에 의식을 두어야 한다는 점이다.

그 지점은 명치에서 1cm 정도 위쪽 지점, 몸속으로 5cm쯤 들어간 곳이다.

② 숨을 아랫배까지 깊이 들이쉰다. 너무 의도적으로 숨을 밀어 넣지 말고

편하게 호흡한다. 가슴의 중심에 계속 의식을 둔다.

③ 숨을 내쉬면서 옴~ 하고 소리를 낸다. 혀는 입안의 가운데 높이에 위치한다.

가슴의 중심에 의식을 두고, 가슴의 중심에서 소리가 시작되어 둥글게 구의 형태로 울려 퍼지도록 한다. 내쉬는 호흡의 길이는 숨이 가쁘지 않을 정도로 한다.

가슴의 중심에 계속해서 의식을 두는 것이 의외로 쉽지 않다.
숨을 들이쉴 때, 의식은 코끝이나 배로 옮겨가 버린다.

다른 부위의 움직임이 느껴진다. 다른 생각이 떠오르거나 주위의 소음이 거슬리기도 한다. 집중력이 아주 뛰어난 사람이 아니고서는 처음엔 당연한 일이다. 주의가 흐트러지면 너무 신경 쓰지 말고, 다시 가슴의 중심에 의식을 두면 된다.

소리의 파동을 둥글게 형성하는 것이 장부의 순화와 기운의 내장에 필수적이다. 하지만 처음부터 파장이 둥글게 형성되는 것은 아니다. 의념(意念)을 가해 유도한다. 풍선이 점점 커져 나가듯이, 가슴에서 몸 전체로 옴소리가 퍼져 나가게 한다. 반복해서 연습한다.

가슴의 중심에 의식을 두고 숨을 깊이 들이쉬어서 내쉴 때 옴~하고 소리 낸다.
소리의 파장이 둥글게 풍선처럼 퍼져 나가도록 의념으로 유도해준다. 여기까지 과정을 충분히 연습해 주어야 한다. 이제 감각을 좀 더 깨워 보기로 하자.

④ **옴하고 소리가 둥글게 울려 퍼질 때, 몸에서 일어나는 진동을 좀 더 섬세하게 느껴본다.**

가슴 중심에서 시작해서 폐부, 그리고 장부와 머리, 팔다리, 온몸 전체가 진동하는 것을 느껴본다. 옴소리의 진동을 머릿속으로 상상하는 것에 그치지 말고, 직접 몸으로 진동이 퍼져 나가는 것을 느껴야 한다. 체득될 때까지 계속한다.

쉽지 않을 수도 있다.
온몸의 미세한 진동을 느끼기에는 아직 몸의 감각이 충분히 깨어나지 못했기 때문이다.
하지만 개의치 말고 반복해서 연습한다.
주의가 산만하고 잡념이 특히 많아서 수련 자체가 힘든 사람도 드물게는 있다. 그런 사람일수록 더욱 열심히 옴 수련을 취해 준다. 이렇게 하는 이유는 장부의 음기를 배출시켜 번뇌를 줄여 주기 때문이다.

스스로 집중력이 뛰어나지 않다고 실망할 필요는 없다.
생각이 일어나거나 주의가 흐트러지면 다시 가슴의 중심으로 돌아와 옴~ 하면 된다.

시간이 흐를수록 집중력은 증가하게 마련이다.
옴 수련을 하면 폐, 심장, 간, 위장 등에 쌓인 탁기가 빠져나온다. 그때 몸에서 여러 현상들이 일어난다. 목 부분에 마비가 올 수도 있고, 폐와 심장 부위 또는 전신의 이곳저곳에서 통증이 느껴질 수도 있다. 일종의 명현 반응으로서 그런 증상은 대개 금방 사라진다.

몇 차례 해보면 자신의 몸 상태에 맞게 소리의 크기가 정해진다.

결코 큰소리로 수련할 필요는 없지만, 초보자는 너무 작게 소리 내지 않도록 한다. 수련이 깊어지면 큰 벌이 웅웅거리는 정도의 크기로도 충분하다. 매일 시간을 정해놓고 규칙적인 수련을 하는 것이 바람직하다.

수련 시간은 1시간 정도 해준다. 하지만 단 5분을 하더라도 그 효과가 발휘되므로 일상 속에서도 틈틈이 옴~ 하는 습관을 기르자. 수련이 깊어지면 같은 시간으로 더 큰 효과를 낼 수 있게 된다.

2) 옴 수련 둘째 과정

옴 수련의 두 번째 목적은 자기 근본을 인식할 수 있는 고요함을 얻는 것이고, 세 번째 목적은 외기(外氣)를 집약하는 것이다. 옴 수련 둘째 과정에서는 중심을 관(觀)하는 수련을 통해 가슴 바탕에 고요함을 형성하는 것을 목적으로 한다. 가슴 바탕의 고요함을 갖추는 것은 외기를 집약하는 셋째 과정까지 이어진다.

어떤 대상이나 현상을 접했을 때, 대부분 드러난 것을 보는 것에만 초점을 둔다.
현상을 인식하는 방법이 그렇게 길들어 있기 때문이다. 하지만 현상이 드러날 때에는 항상 그 원인이 있다. 부처님께서는 '모든 현상은 현상이 드러나기 이전에 그 원인이 있다'고 말씀하셨다. 현상의 이전 자리는 드러나지 않은 자리이다.

불교에서는 그 자리를 일러 근본 또는 본성이라 부른다.

 근본은 공하다. 공이란 명백히 존재하지만, 그 모습이 드러나지 않은 상태라는 말이다. 현상의 드러난 것만을 인식의 대상으로 삼아온 사람은 근본의 공한 면모를 보는 것이 쉽지 않다. 그래서 근본에 대한 인식력을 키우려면 그럴 수 있는 방법을 알아야 한다.

부처님께서는 '현상의 근본은 그것을 대하는 사람의 마음에 있다.'하셨다. 어떤 현상을 대할 때 그것에 대해 나의 마음은 어떠한가? 이러할 때 그것에 대해 편안하고 아무렇지 않은 마음이 바로 현상의 근본이다. 누구에게나 편안한 마음과 아무렇지 않은 마음이 있다.
하지만 그 마음이 주체가 되어서 현상을 바라보지 못한다.
드러난 현상을 보는 데만 길들여 있기 때문이다. 옴 수련은 가슴 바탕의 고요함을 인식하게 함으로써 현상의 근본을 체득(體得)하게 해주는 한 가지 방법이다.

본성의 공한 면모는 부증불감(不增不減)이나 그것을 인식할 수 있는 각성은 증득(證得)되는 것이다. 각성의 정도에 따라서 본성의 공한 모습을 보는 역량이 달라진다.

옴 수련의 둘째 과정을 살펴보자.
옴 수련을 하면서는 가슴 바탕에 세워진 고요함을 인식할 수 있어야 한다. 하지만 처음부터 고요함이 갖춰지지는 않는다. 우선 옴소리가 울려 퍼지면서 일으키는 현상을 주시하면서 그 바탕의 고요함을 같이 주시하고자 노력한다. 점차로 각성이 키워지면서 드러난 현상과 가슴 바탕에 자리한 고요함이 분리된 상태로 인식된다.

① 자세를 취하여 중심에 의지를 두고 아랫배 깊숙이 숨을 들이쉰다.

옴 - 하고 내쉬면서, 옴소리의 진동이 가슴에서 일어나 온몸으로 퍼져 나가면서 일으키는 느낌을 주시한다. 진동이 일으키는 느낌을 보다 선명하게 느낄 수 있을 때까지 반복한다.

② 이번에는 진동이 일어나서 퍼져 나가고 멈추는 전 과정에서 그 바탕에 자리한 고요함을 인식하는 과정이다.

깊이 숨을 들이쉬면서 가슴을 주시한다. 옴 - 하고 내쉬면서, 진동이 일어나고 퍼져 나가는 이면의 아무렇지 않은 자리, 아무것도 일어나지 않는 바탕자리를 주시한다.

이 과정을 반복한다.
처음엔 현상만 느껴질 뿐이어서, 바탕자리의 고요함을 인식하려는 노력이 답답하게 느껴질 수도 있다.
시간이 지남에 따라 진동이 퍼져 나가는 것과 그 바탕의 고요함을 번갈아 인식할 수 있게 되고, 나중에는 진동과 바탕의 고요함을 동시에 인식할 수 있게 된다.

처음 수련할 때, 바탕자리의 고요함이 쉽게 인식되지 않더라도 수련을 멈추어서는 안 된다.
드러난 것에서 드러나지 않은 것을 볼 수 있도록 습성을 기르는 과정이다.
꾸준히 수련만 하면 가슴 바탕의 고요함은 의외로 쉽게 인식된다.

진동이 일어나 퍼져 나가는 것과 바탕의 고요함을 함께 인식할 수 있게 되면 이때부터는 옴 수련을 할 때만 가슴 바탕을 주시하는 것이 아니라 일상생활 속에서 접해지는 모든 현상도 가슴 바탕에다 비추어 본다.

'이 현상에 대해서 나의 가슴 바탕은 어떠한가?'
가슴 바탕의 고요함에 입각해서 보고, 듣고, 냄새 맡고, 먹고, 느끼고, 생각하고, 행동함으로써 자기를 다스려 나가게 되면 나중에는 그 고요함이 벽과 같이 튼튼해진다. 이때는 저절로 가슴 바탕의 고요함이 의식의 중심이 된다.

옴 수련을 하다 보면 여러 가지 변화를 겪게 된다.
긍정적인 변화도 겪게 되지만, 그렇지 않을 수도 있다. 옴 수련을 통해 가슴바탕에 고요함을 튼튼하게 배양해 놓으면, 수련 중 일어나는 어떤 현상에 대해서도 원만하게 대처할 수 있는 근기를 갖추게 된다. 수련 중 일어나는 변화와 그것에 대해 대처하는 방법에 대해서는 필자의 다른 책들에서 상세하게 다루어져 있다.

3) 옴 수련 셋째 과정

옴 수련 셋째 과정은 중심에 기운을 집약시키는 과정이다. 가슴 바탕에 고요함이 갖춰져야 중심자리에서 기운을 집약시킬 수 있다. 옴 수련 셋째 과정에 들어가기 전에 먼저 가슴 바탕을 주시하는 수련을 충분하게 해 주어야 한다.

① 자세를 취하고 앉아서 가슴의 중심에 의식을 둔다. 숨을 깊이 들이쉬었다가 옴 - 하고 내쉰다.

그 소리가 둥글게 퍼져 나가도록 하면서, 가슴 바탕의 고요함을 함께 주시한다. 여기까지는 앞의 과정과 같다.

② 호흡을 들이쉴 때, 가슴의 중심으로 기운을 집약시켜 준다. 다시 옴 - 하고 내쉴 때, 가슴 바탕의 고요함을 주시한다.

이 과정을 반복해서 중심에 기운을 모은다. 가슴 바탕을 주시하고 있으면 저절로 기운이 모여들지만, 처음에는 약간의 의념(意念)을 가해 준다.

몸 전체의 피부 감각으로 기운을 섭취해서 조여들듯이 중심으로 모이게 한다.
옴 - 하고 내쉴 때, 중심에 모인 기운이 흩어져도 상관없다. 옴소리가 구의 형태로 울려 퍼진 뒤, 구의 중심으로 다시 기운이 집약될 때, 흩어졌던 기운을 다시 끌어오기 때문이다. 구의 중심에 기가 집약되는 이치이다. 옴소리가 둥글게 멀리 퍼질수록 끌어들이는 기운의 양이 많아진다.

기감이 깨어나 있으면 몸 전체로 기운을 느낄 수가 있다.
피부와 몸 전체로 조여드는 듯한 느낌이 생기고 찌르르- 한 기감이 형성된다.
가슴은 부풀어서 뻥뻥해진다.
때론 가슴이 밝은 빛으로 환해지는 것을 보기도 한다. 열이 발생하여 몸이 후끈거리기도 하는데, 차츰 숙달되면 기운이 안으로 갈무리 되면서 피부보다는 몸속이 더워진다. 중심에 기운이 갈무리되면서 장부의 순화는 더욱 더 촉진된다.
그리고 가슴 바탕에는 고요함이 더욱더 튼튼하게 자리 잡게 된다.
옴 수련 셋째 과정을 통해 중심이 벽과 같은 상태를 이루면 중심이 세 단계 진보한 것이다.

옴 수련을 하면서 생기는 장애는 두 가지 원인 때문에 생긴다. 하나는 섭취된 기운이 음화(陰化) 되면서 생기는 장애이고, 또 하나는 미세의식(微細意識)이 발현되면서 생기는 장애이다. 각각의 증상과 그에 대한 대처법을 알아보자.

4) 기운의 음화로 생기는 장애

섭취된 기운이 음화 되면 신경 활동에 장애가 온다.
인체에 내재한 기운은 음기와 양기로 나뉘는데, 음기는 신경 활동에 쓰이고, 양기는 의식 활동에 쓰인다. 인체 내에서 음기가 정도 이상으로 많아지면 신경 활동에 이상이 생겨서 의식 활동을 의지적으로 통제할 수 없게 된다.

누적된 음기가 신경활동을 필요 이상으로 왕성하게 만들어서 의식 간에 교류가 무작위로 이루어지기 때문이다. 이렇게 되면 수행자는 번뇌에 휩쓸려서 수련을 제대로 할 수 없게 된다.

이러한 증상을 예방하려면 처음부터 정도 이상의 음기가 체내에 누적되지 않도록 하는 것이 중요하다.
그러기 위해서는 수련하는 사람의 마음가짐이 항상 수용적이고 긍정적이어서 경계에 대한 거부감이 없어야 한다. 왜냐하면, 음기는 경계에 대한 거부감과 부정적인 사고를 통해 키워지기 때문이다.

마음의 거부적인 성향을 여의지 못한 사람이 무리하게 욕심을 내어 수련할 경우, 수련의 성취는 커녕 위와 같은 장애를 얻어 심신의 고통을 초래할 수 있다. 그렇게 되면 아예 수련하지 않은 것보다 못한 결과를 가져온다.
이럴 때는 수련을 무리하게 진행하지 말고, 먼저 자신의 성격이나 가치관을 바꾸어서 매사를 긍정적이고 수용적인 자세로 대할 수 있도록 해야 한다.
이미 형성된 음기를 배출하는 것 또한 옴 수련을 통해 가능하다.

5) 미세의식이 발현되면서 오는 장애

이 부분에 대한 상세한 설명은 필자의 다른 책 '관 중심의 형성과 여덟진로 수행체계', '관 쉴 줄 아는 지혜'를 참고하기 바란다. 여기서는 간략하게 설명하기로 한다.

미세의식이 발현되면서 오는 장애는 혼의식이 발현되면서 오는 장애와 외부의식(外部意識)이 접촉되면서 오는 장애가 있다.

혼의식이 발현되면서 오는 장애는 여섯 종류가 있다.
그 중 촉감의 혼의식이 발현되면서 오는 장애에 대한 설명이다.
촉감적 혼의식이 발현되면서 오는 장애 또한 두 가지로 나뉜다. 피부를 통해 들어오는 기감의 영향으로 폐에 내재한 혼의식이 일깨워지면서 오는 경우와 옴 수련을 통해 심포(心包)가 자극되어 오는 경우가 바로 그것이다.

기감을 느끼는 것은 그 자체로 촉감의 혼의식이 일깨워진 상태라고 할 수 있다.

이 경우 몸의 여러 부위에서 이질적인 감각이 형성되면서 심리적인 변화가 생긴다. 대부분은 이때에 공포를 수반한 극단적인 거부의식을 경험하게 된다. 특히 신체에 느껴지는 이질감이 통증을 수반할 때는 더욱더 큰 공포에 시달리게 된다. 이때에는 가슴 바탕에 갖추어진 고요함을 더욱더 돈독히 하는 데 모든 노력을 다해야 한다.

흔한 증상 중의 하나가 몸의 감각이 사라지면서 마치 몸 전체가 텅 빈 허공이 된 듯한 느낌을 경험하는 것이다. 이럴 때는 스스로의 존재성이 소멸할 것 같은 두려움에 빠지기도 한다. 사실 이런 느낌은 촉감의 혼의식이 최상으로 발현되었을 때 생기는 현상이다.
하지만 그런 이치를 모르게 되면 모처럼 수행이 발전할 좋은 기회를 놓쳐 버리게 된다.
촉감적 혼의식이 깨어나면서 몸의 변화와 더불어 일어나는 심령적인 변화는 일일이 열거할 수 없을 만큼 다양하다.
이런 현상을 접할 때는 이 과정을 먼저 겪고 지나간 사람의 도움을 받는 것이 좋다. 또한, 이러한 현상에 대해 구체적으로 언급한 책을 참고하는 것도 좋다.

옴 소리의 진동으로 심포가 자극되면 그 부위에 통증이 형성된다.
이 통증은 심포에 응어리졌던 내분비 노폐물이 갑자기 풀어지면서 생기는 현상이다.
통증은 왼쪽 가슴에서 시작해서 목덜미와 귀 뒤쪽을 타고 머릿속까지 이어지는 경우도 있고, 양쪽 가슴 바깥으로 해서 어깨로 이어지는 경우도 있다.

이런 때는 꾸준히 수련을 계속해 주면 통증이 사라진다. 만약 통증에 대한 두려움 때문에 수련을 중지하면 통증이 고질화되어 장기간 고생할 수도 있다.

때에 따라서 심포 부위에 송곳으로 푹푹 찌르는 듯한 통증이 생기기도 한다. 이럴 때에도 심각하게 받아들이지 말고 수련을 계속하도록 한다. 일주일 정도만 꾸준히 수련하면 대개의 경우 통증은 사라진다.

폐 질환이나 심장 질환, 기관지 질환을 앓고 있는 사람은 병증이 형성된 부위에 통증이 생길 수도 있다.

또한, 지금은 완쾌되었다 하더라도 예전에 앓았던 병증 부위에 통증이 생길 수도 있다. 이럴 때는 병이 재발하지 않았나 의심하는 경우도 있다. 하지만 병원에서 검사를 해 보면 별 다른 이상이 없는 경우가 대부분이다.

이럴 때도 역시 수련을 계속해 나가면 통증이 다스려진다.

●

1판 1쇄 인쇄일 - 2014년 3월 3일

1판 1쇄 발행일 - 2014년 3월 3일

●

지은이 - 구선

본문그림 - 자음 발성 경로_구선

펴낸이 - 김춘기

펴낸곳 - 도서출판 연화

편집부

기획 - 이진화

편집 - 김도희

경상북도 영양군 수비면 수하 1리 887-2번지

전화 - 02) 766-8145   FAX - 02) 765-8145

홈페이지 - www.sunna.kr

●

등록년월일 - 2003년 3월 14일

등록번호 - 제 2003-2호

● 잘못된 책은 즉시 교환하여 드립니다.

정가 25,000원

ISBN 978-89-953949-9-1